사진작가 산들의
버릇처럼 남해 여행

생각이 많은
날에는
남해에 갑니다

사진작가 산들의
버릇처럼 남해 여행

생각이 많은
날에는
남해에 갑니다

이산들 지음

푸른향기
Prunyook Publishing Co.

혹시 남해에서 사세요?

"남해 분이세요?"

서울에서 남해까지는 고속버스로 왕복 9시간이 넘는다. 아침에 출발하면 점심이 훨씬 지나고, 점심때 출발하면 깊은 저녁이 되어야 도착한다. 이 먼 거리를 적게는 반년에 한 번, 많게는 한 달에 세 번, 짧게는 하루, 길게는 3주를 수시로 왔다 갔다 하니 자주 받는 질문이다. 남해에 자주 출몰하고, SNS에 자주 올리는 남해 사진을 보며 내가 남해 사람인 줄 아는 사람도 많다. 현지인만큼이나 남해의 구석구석을 잘 알고 있고, 남해에 무슨 일이 생기면 관심도 많고 말도 많아지는 나는, 이방인과 현지인의 교집합에 있는 사람이다. 사람들은 내가 남해를 왜 그리도 자주 가는지 궁금해한다. 남해에 뭘 숨겨둔 건지, 아니면 살림을 차린 건 아닌지 의심을 하기도 한다. 남해에서 태어나지도 않았고, 남해에서 살고 있지도 않지만, 남해를 계속 찾는 이유가 있다.

나는 사람들과 어울려 보내는 시간을 좋아하지만, 그만큼 혼자 보내는 시간도 좋아한다. 스스로에 대한 답을 찾기 위해서 혼자 보내는 시간만큼 좋은 것이 없기 때문이다. 혼자 떠났던 국내 여행지 중에서 남해는 오롯이 나와 많은 대화를 나누고, 나에 대한 답을 찾기 가장 좋은 곳이었다. 시끌벅적한 파티가 열리는 게스트하우스도 없고, 여행길에서 우연히 여행 친구를 만나기도 힘들지만, 발길 닿는 곳마다 펼쳐진 풍경이 나를 위해 준비된 선물 같은 곳이었다.

버스로도 멀고, 기차도, 비행기도 쉽게 닿을 수 없는, 교통이 불편하고 잘 알려지지 않은 곳이다 보니 많은 사람이 남해라는 존재를 잘 알지 못한다. 막상 가려고 해도 엄두를 내지 못하는 곳이 남해이다. 그렇지만 불편을 감수하고 한 번 가본다면, 생각이 바뀔지도 모른다. 나에 대한 답을 찾지 못했다면, 일상에서 지친 마음을 씻어낼 방법을 찾지 못했다면, 남해라는 곳을 추천해주고 싶다. 한 번도 안 온 사람은 있어도, 한 번만 온 사람은 없는 곳이 남해라고 감히 장담하기 때문이다.

일에 지쳐 당장이라도 떠날 준비가 되어 있었던 2015년, 우연히 본 숙소 사진 한 장에 이끌려 우리나라 맨 아래에 있는 '남해군'이라는 곳으로 향했다. 들어본 적도 없고, 와 본 적도 없는 남쪽의 마을은 마치 시간을 거꾸로 돌려놓은 듯 느린 풍경이 있는 곳이었다. 큰 기대도 없이 온 이곳에서, 마을버스를 타고 시원하게 펼쳐진 바다를 따라 달리던 그때, 이 조용한 마을이 숨겨 놓았던 엄청난 풍경을 마주했다. 창밖에서 눈을 뗄 수 없었던, 그때 보았던 남해 바다의 풍경을 잊지 못해 여덟 해가 되도록 남해를 찾아오고 있다.

남해를 오가는 8년 사이에 나는 대학병원 수술실 간호사에서 사진작가로 전업했다. 쉽지 않은 결정이었지만, 늦기 전에 마음이 더 설레는 일을 하고 싶어서 선택한 일이었다. 간호사를 그만두면서 가장 먼저 하고 싶었던 것은 내가 좋아하는 곳, 나의 시간을 보낸 남해를 꾸준히 담는 일이었다. 회사에서 자유로운 몸이 되자마자 남해의 곳곳을 다녔다. 유명하다는 곳부터 알려지지 않은 곳까지. 아침부터 해가 질 때까지 남해를 종일 달리기도 했고, 어떤 날은 아무것도 하지 않고 오롯이 숙소에서만 시간을 보내기도 했다. 사소한 계기로 차곡차곡 쌓인 남해의 시간을 이 책에 담았다. 이 책이 독자들의 마음에 닿아 남해를 궁금해하는 사람들이 많아졌으면 한다. 이윽고 남해를 찾아와 위로받고 행복해질 수 있기를 바란다. 지금의 내가 '남해가 있어서 참 다행이다.'라는 생각이 드는 것처럼 말이다. 대단하지 않아도 소소한 남해에서의 일상이 담긴 이야기들을 읽는 동안, 당신 주변의 시간이 조금은 느리게 흐르길 바란다. 인생에서 마음을 터놓을 수 있는 친구 한 명이 필요한 것처럼, 우리에게는 마음을 내려놓을 수 있는 어느 한 곳이 필요하다. 나에게 남해는, 그런 곳이다.

Contents

남해 정보 골라보기

● 일출명소
● 일물명소
● 유채꽃
● 벚꽃
● 수국
● 꽃무릇

노량대교

남해
대교

왕지벚꽃길

남해각

설천면

나루터휴게소

상상
양떼목장

이락사

고현면

강진만
해안도로

도마
초등학교

남해읍

예계마을

서면

장항해수
풀장

구미마을

임진성

미국
마을

섬이정원

남면

석교
마을

사촌
해수욕장

다랭이 마을

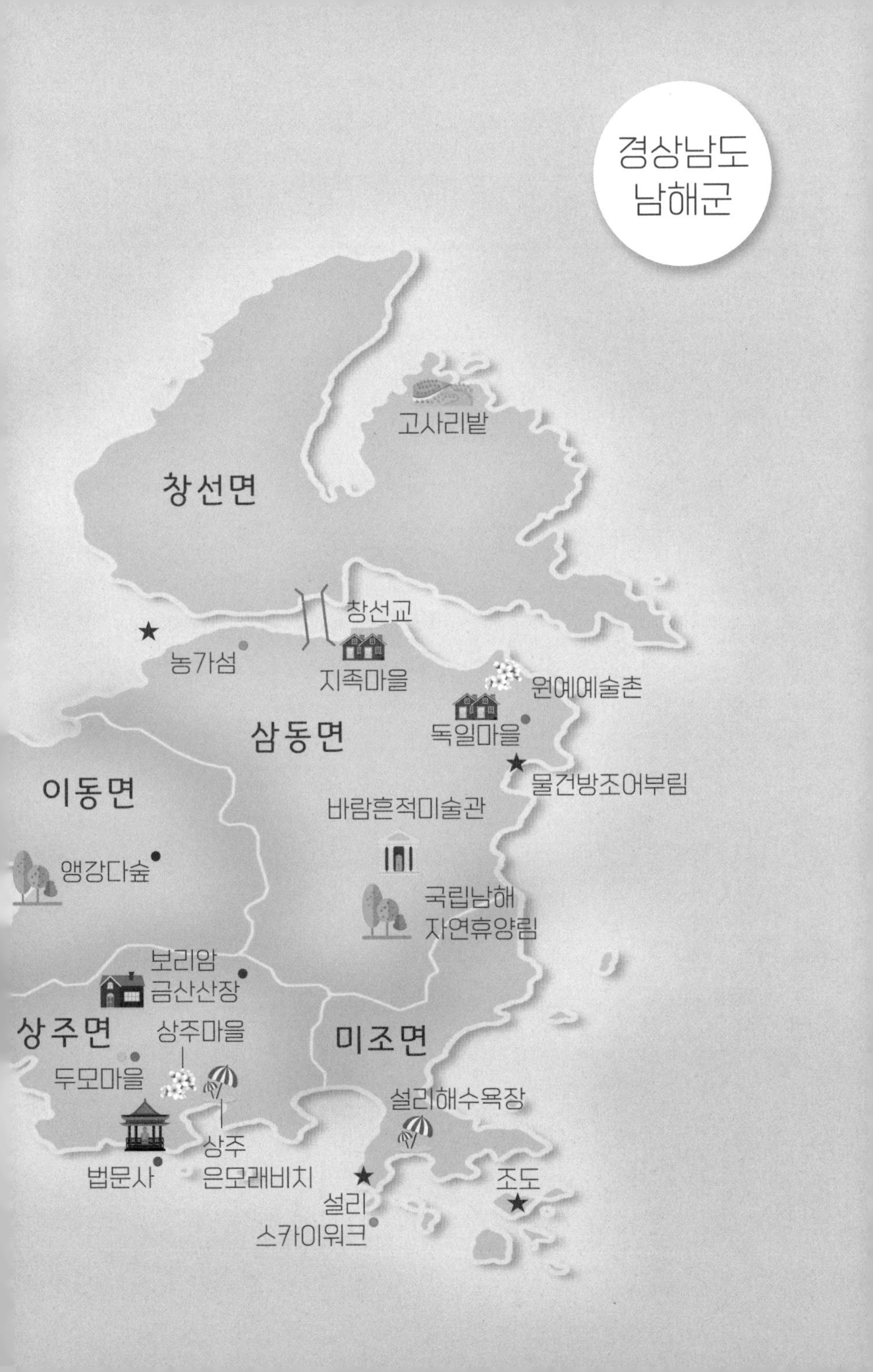

경상남도
남해군

창선면

고사리밭

창선교
지족마을
농가섬

삼동면

원예예술촌
독일마을
물건방조어부림

이동면

앵강다숲

바람흔적미술관

국립남해
자연휴양림

보리암
금산산장
상주마을

상주면

두모마을

미조면

설리해수욕장

법문사
상주
은모래비치

설리
스카이워크

조도

뜨거운 방호복 속에서 여행을 꿈꾸다

우리나라의 동쪽에 있는 바다는 동해, 서쪽에 있는 바다는 서해. 그렇다면 남해는 남쪽에 있는 바다일까? 남해는 그저 남쪽에 있는 바다인 줄 알았다. 남해라는 지명을 가진 지역이 있다는 사실을 알게 된 건 2015년 여름이었다.

그 해 여름을 유독 선명하게 기억하고 있다. 한창 메르스가 기승을 부리던 그 초여름, 내가 근무하고 있던 병원도 비상이었다. 메르스(중동호흡기증후군, MERS)라는 새로운 유형의 감염병이 출몰했다는 사실에 전 국민의 불안감이 고조되고 있었고, 감염병의 가장 가까이에 서 있던 의료진들은 더욱 긴장할 수밖에 없었다. 확산을 막기 위해 새로운 지침들이 계속해서 생기고, 다시 바뀌기를 반복하는 상황에서 메르스 확진자가 병원을 방문하게 되면서 병원 전체는 비상 체계에 돌입했다. 600병상이 넘는 대학병원이 전면 폐쇄라는 큰 결정을 내리게 된 건 국내 대학병원이 설립된 이래 최초의 사례였다고 한다. 2주간 모든 외래 환자의 병원 방문을 제한하고, 중증 환자들을 제외하고는 대부분의 환자를 퇴원시켰다. 모든 수술 스케줄은 무기한 연기되었고, 수술 환자가 없으니 수술실 간호사는 뿔뿔이 다른 부서로 파견을 가야 했다. 나는 응급실로 파견을 가게 되었다. 가장 최전선에서 환자를 맞이해야 했던 응급실에서는 공기가 들어올 틈 없는 방호복을 머리에서 발끝까지 여미 입어야 했다. 산소통만 메면 금방 달나라에라도 갈 수 있을 것만 같은 모습에 우리는 그 옷을 '우주복'이라고 불렀다. 우주복은 우리를 우주로 데려갈 수는 없었지만, 마치 태양 가까이에 와 있는 것 같은 뜨거운 찜통의 열기를 느끼게 해주었다. 방호복 안으로는 줄줄 땀방울이 흐르지만, 방호복 밖의 예민한 상황에 온 신경을 쏟다 보면 흐르는 땀을 챙길 틈이 없었다. 그렇게 하루 종일 일을 하다 보면 일이 끝난 후에도 한동안 앉아서 쉬어야 집에 돌아갈 힘이 생기곤 했다. 무거운 몸을 이끌고 집에 가는 길, 인터넷에 올라오는 여행 이야기가 나에게는 단비 같은 존재였다. 쉬는 날이면 어디론가 여행을 떠났던 나는 한동안은 누군가의 여행 이야기로 대리만족을 해야 했다.

그 여름이 끝나갈 무렵, 혼란스러운 병원 체계도 자리를 잡아가기 시작했다. 여느 때와 같이 근무를 마치고 집으로 가면서 인터넷에 올라온 여행 글을 보고 있었다. 그러다가 우연히 어느 숙소 사진 한 장에 마음을 뺏기고 말았다. 나무로 된 낮은 천장 아래 작은 1인용 침대, 침대 옆 네모난 창문으로 따스한 햇살이 방 안까지 들어오는 사진이었다. 그 사진에 묻어난 빈티지한 느낌 때문인지 사진을 뚫어져라 보고 있으면, 빨간 머리

앤이 나타날 것 같았다. 주변이 산으로 둘러싸인 신비로운 하얀색 이층 집. '가야겠다!'는 생각이 무조건 반사처럼 번쩍 떠올랐다. 마침 짧은 휴가를 낼 수 있었다. 그게 나와 남해의 첫 시작이었다. 처음 들어보는 곳이고, 짧은 일정에 비해 꽤나 먼 곳이었지만, 이보다 더 멀리 떠나야 한다고 해도 갈 수 있을 것 같았다. 떠날 어딘가가 필요한 나에게 운명처럼 남해라는 곳이 불쑥 나타났다. 재고 따질 필요도 없이 곧바로 남해로 향했다.

남해 훑어보기

남해의 지도는 멀리에서 보면 사람의 폐 모양을 닮았다. 데칼코마니를 한 듯 양쪽이 비슷한 모양을 한 것도, 비슷한 두 개의 땅이 가운데에서 연결되어있는 것도 그렇다. 경상남도에 위치한 남해군은 남해와 창선, 두 섬으로 이루어져 있으며 동쪽에는 통영, 서쪽으로는 여수, 북쪽으로는 하동과 사천이 이웃하고 있다. 남해는 사면이 바다로 되어 있어 어족자원이 풍부하고 79개의 섬을 가진 다도해이다. 그 말을 증명하듯 남해 바다 어디에서 보아도 수평선 위에 걸린 섬을 쉽게 볼 수 있다.

우리나라 섬 중에서 산의 비율이 가장 많은 지역으로, 주민들은 조금이라도 농지를 확보하기 위해 가파른 산에 담을 쌓고 진흙을 발라 논을 만들었다. 이것이 바로 남해에 들어서면 가장 먼저 보게 되는 '다랭이논'이다. 토지 이용률을 높이기 위해 한 해 동안 두 종류의 작물을 다른 시기에 재배하는 이모작 농법을 통해 쌀과 마늘을 함께 재배한다. 전국 유통량의 7%를 차지할 정도로 마늘의 주생산지이며, 이 밖에도 시금치, 유자, 쌀, 멸치, 한우 등이 남해의 대표적인 특산품이다.

해풍을 맞고 자라 특히 아삭하고 맛있다는 남해의 시금치. 겨울에 재배하는 시금치 덕분에 남해의 겨울 풍경은 제법 푸르다. 또한 평지보다 산지가 많은 남해의 도로는 대부분이 산의 중턱에 걸쳐져 있어 대부분의 길이 해안도로가 된다. 달리는 모든 길이 아름다운 이유이다. 섬이었다가 1973년 남해대교가 생기기 시작하면서 육지와 이어지기 시작했다. 남해는 '보물섬'이라 불린다. 왜 보물섬이라고 불리게 되는지, 여행을 하다 보면 그 이유를 찾을 수 있다. 꽁꽁 숨겨둔 보물

찾기를 하듯 남해에 숨겨진 나만의 보물을 찾아내 보자. 그것이 남해 여행의 묘미 중 하나이다.

구름이 산꼭대기를 베어 먹는 풍경 속으로

서울 남부터미널에서 남해터미널까지 가는 첫차는 7시. 첫차는 타야 최소 11시 30분에는 도착할 수 있지만, 처음인 만큼 여유 있게 9시 버스에 몸을 실었다. 버스가 출발하면서 분주해지기 시작했다. 챙겨온 책을 꺼내 읽다가, 이어폰에서 흘러나오는 노래를 흥얼거리다가, 배가 고프면 간식거리를 꺼내 먹고 잠이 쏟아지면 그대로 잠이 들었다. 4시간 30분이라는 시간이 전혀 지루하지 않았다. 도심의 높은 건물 숲을 지나 여러 개의 터널을 넘고 나니 어느 순간부터는 드넓은 평지와 푸른 산밖에 보이지 않았다. 그리고 이내 조각만 한 바다가 가까워지더니 빨간 남해대교가 보이기 시작했다. '이제 정말 남해라는 곳에 왔구나!' 마음이 들뜨기 시작했다.

남해대교가 보이자 금방이라도 내릴 준비를 하고 있었지만, 20분 정도를 더 달려서야 남해터미널에 도착할 수 있었다. 버스에서 내려 찌뿌둥한 몸으로 기지개를 폈다. 눅눅하고 무거운 여름 공기가 느껴졌다. 오랜 흔적이 묻어있는 시골의 여느 터미널과 달리 남해의 터미널은 생각보다 컸고, 그 크기에 비해 고요하고 한적했다. 버스터미널에서 내리자마자 마을로 향하는 버스를 알아보니 숙소로 향하는 마을버스는 40분이나 기다려야 했다. 숙소에 입실하기 전, 주변에 편의점이 없으니 반드시 챙겨올 건 미리 챙겨오라는 숙소 사장님의 당부가 떠올라 사지 않아도 될 것들을 사서 가방에 밀어 넣었다. 잘 먹지도 않지만 왠지 여행의 밤에는 필요할 것 같은 캔맥주, 배고플 수도 있으니 라면도 한 봉지, 그리고 입이 심심할 수 있으니 과자 몇 개. 버스 출발 시간이 다가오자 버스 앞에 '무지개'라고 쓰인 걸 확인하고는 올라탔다.

"무지개마을 가나요?"

일부러 큰 목소리로 기사님께 무지개마을에 간다는 암시를 드렸다. 무지개마을에 다 왔을 때 기사님이 나를 놓치지 않고 내려주시기를 바라며 맨 앞자리에 앉았다. 한눈에 봐도 타지 사람임을 눈치챈 기사님이 어디에서 왔는지, 왜 왔는지를 물으셨다. 말동무가 생겨 기분이 좋으신지 재밌는 이야기는 물론 본인이 좋아하는 남해의 맛집도 소개를 해주셨다.

"무지개 말이 와 무지개 말인 줄 아나? 무지개가 마이 떠서 무지개 말이다 아이가."

구수한 사투리가 밴 그 말을 하마터면 못 알아들을 뻔했다. 한 박자 늦게 알아듣고는 어쩌면 무지개를 볼 수도 있겠다는 기대감이 들었다. 버스가 읍내를 지나 굽이굽이 마을로 향하면서 창밖으로 눈을 뗄 수 없는 풍경이 보이기 시작했다. 바다를 바라보고 있던 나의 시선이 수평선과 나란히 마주하고 있다가 점점 바다보다 위로 올라갔다. 산 중턱에 걸친 도로는 바다를 더 깊고 넓게 보이게 했다. 이렇게 바라보는 바다의 풍경은 처음이었다. 바다라는 큰 액자 위를 달리고 있는 기분이었다. 맑은 하늘도, 선명한 바다도 아닌 큰 구름이 액자의 반을 삼키고 있는 우기의 여름날이었지만, '그림이다!'라는 표현이 저절로 나오는 그런 풍경. 25살의 내가 멋진 풍경이라는 걸 알면 얼마나 알았을까 싶지만, 그 어린 마음에도 남해의 풍경이 그림처럼 느껴질 정도로 아름다웠다. 바다의 건너편에는 무엇이 있는지 보이지 않고 산꼭대기를 베어 먹는 구름이 낮게 걸린, 무언가 꽁꽁 숨기고 있는 것 같은 남해의 풍경이었지만, 그 풍경에 압도될 수밖에 없었다.

버스는 바다를 따라 끊임없이 달렸다. 알록달록한 지붕들을 지나고, 산에 층층이 쌓아 올려진 계단식 논들을 지나고 나서야 무지개마을에 도착했다. 생각보다 오랜 시간을 달렸다. 걱정과 달리 무사히 무지개마을에 잘 내리긴 했지만, 버스가 떠나고 산과 밭, 멀리 지붕 몇 개뿐인 이 마을에 홀로 서 있으니 스산하고 썰렁했다. 사람들의 인기척도 들리지 않는 이곳, 주위를 둘러보니 저 멀리 사진에서 보았던 하얀색 이층집이 보였다. '다락'이라고 쓰인 표지판을 따라 마을을 뺑 돌아 숙소 앞에 도착했다. 갑자기 심장이 콩닥콩닥 뛰기 시작했다. 혹시나 내가 본 사진과 다르면 어쩌지? 설레는 마음 한편으로 두려운 마음이 앞섰다.

마음을 가다듬고 나무 계단을 올라 문을 열고 들어가니 그 마음은 이내 안개 걷히듯 사라졌다. 따뜻함이 느껴지는 공간에 작은 주방, 한여름이었지만 당장이라도 켜 보고 싶은 벽난로와 2층으로 올라가는 계단 아래에는 책으로 둘러싸인 작은 다락 공간이 있었다. 2층으로 올라가니 사진에서 보았던 그곳이 나왔다. 높지 않은 천고 아래 창문을 하나씩 끼고 4개의 침대가 놓여있었다. 사장님의 안내를 마치고 한참이나 숙소를 둘러보고 나서야 짐을 풀고 침대에 몸을 눕혔다. 4개의 침대 중에서 햇살이 가장 잘 들어오던 사진 속 그 침대였다. 그 사진 속으로 내가 들어와 있다. 누워서 고개만 살짝 돌려도 남해의 풍경이 보이는 그 침대에 내가 있다.

+ 남해, 어떤 교통수단으로 가면 좋을까?

"남해에 갈 때 어떤 방법으로 가면 가장 좋은가요?"

남해로 여행을 가는 친구들에게 많이 받았던 질문 중 하나예요. 수없이 남해를 방문하면서 서울에서 남해로 가는 가장 효율적인 경로를 찾아 시도해 본 여러 교통수단을 이야기할게요. 고속버스, 기차, KTX, 비행기, 자차로 다 이용해봤지만, 모든 면에서 베스트인 방법은 없어요. 시간, 비용, 집에서 대중교통을 이용할 수 있는 편의성, 편리성을 고려해서 자신에 맞는 방법을 선택하는 게 좋아요.

(출발 : 서울 기준 / 도착 : 남해터미널 기준)

 고속버스

서울에서 남해군까지 도착하는 가장 편리하고 저렴한 노선이에요. 버스 시간도 꽤 많고 모든 노선이 우등이라 편하게 갈 수 있어요. 다만, USB 단자가 없기 때문에 배터리 충전기를 따로 챙기는 게 좋아요. 중간에 휴게소 1회를 들릅니다. 집에서 남부터미널까지 가까운 편이라면 가장 추천하는 경로예요. 서울 남부터미널과 동서울터미널 두 곳에서 출발하지만, 남부터미널 이용을 추천합니다. 최근 코로나 이슈로 인해 차편 축소 및 시간 변동이 많은 편이니, 최신 버스 시간을 홈페이지에서 반드시 확인하는 게 좋아요.

: 서울 남부터미널 - 남해 버스터미널 / 소요시간 : 4시간 30분 / 34,900원
: 동서울터미널 - 남해 버스터미널 / 소요시간 : 5시간 / 35,000원

혹시라도 남해터미널로 가는 차편을 놓쳤거나 남해에서 서울로 가는 막차를 놓쳤나요? 그렇다면 서울 – 진주 – 남해 노선을 이용하는 걸 추천해요. 남해와 진주는 버스가 30분 간격으로 있기 때문에, 표는 현장 구매만 가능해요. 하지만 타이밍이 안 맞으면 환승 대기시간이 발생할 수 있어요.

: 서울 남부터미널 – 진주 버스터미널 / 소요시간 : 3시간 30분 / 34,000원
: 진주 버스터미널 – 남해 버스터미널 / 소요시간 : 1시간 / 6,500원

 기차

저는 가끔 기차의 낭만을 즐기곤 해요. 책을 읽고 노트북을 해도 버스보다 움직임이 적고 이동이 자유롭다 보니 멀미가 덜 나지요. 시간이 여유 있고 저와 같이 기차의 낭만을 즐기고 싶은 분에게 추천하는 노선이에요. 화장실에 대한 부담이 있는 분들에게는 버스보다 기차나 KTX가 훨씬 편리하겠지요? 콘센트가 있는 자리가 정해져 있기 때문에 휴대폰 충전, 노트북 사용을 생각하고 있다면 자리를 잘 골라야 해요. 남해는 기차역이 없어서 남해와 가장 가까운 역까지 간 뒤, 다시 고속버스를 타거나 운전을 해서 가야 해요. 대부분은 역과 터미널의 거리가 떨어져 있어서 고속버스를 이용하는 분들보다 렌터카를 이용할 분들에게 더 추천해요. 역에서 남해터미널까지 차량 이용 시 약 1시간 정도 소요돼요.

(남해 버스터미널 – 순천역 : 62km / – 여수역 : 66km / – 진주역 : 57km)

: 영등포역 – 순천역 / 소요시간 : 약 4시간 45분 / 약 25,000원
: 영등포역 – 여수 EXPO역 / 약 5시간 소요 / 약 27,000원
: 영등포역 – 진주역 / 소요시간 : 약 5시간 / 약 45,000원

KTX

버스터미널보다 기차역이 더 가깝다면 추천하고 싶은 노선이에요. 기차와 KTX도 출발역이 다르기 때문에, 출발역도 확인해야 해요. 서울역, 용산역은 KTX가 있지만, 영등포역에는 없어요. 기차와 같이 역에서 내려서 다시 남해까지 고속버스를 타거나 운전을 해서 가야 해요. 기차보다는 소요시간이 적게 걸리지만, 값이 비싸다는 단점이 있어요. 시설도 기차보다는 KTX가 좋고, 콘센트가 거의 자리마다 있어서 노트북으로 일을 하는 사람들에게 편한 노선이에요. 고속버스보다 30분 정도 시간을 단축할 수 있지만, 기차와 자동차를 둘 다 이용해야 한다는 점이 있어요. 저는 집에서 KTX역이 가까워서 자주 이용한 노선이에요. 주로 순천역에서 렌터카를 이용해요.

: 서울역 – 순천역 / 소요시간 : 약 3시간 / 약 44,000원
: 서울역 – 여수 EXPO역 / 소요시간 : 약 3시간 / 약 47,500원
: 서울역 – 진주역 / 소요시간 : 약 3시간 30분 / 57,000원

 비행기

가장 최대 비용이지만 최소 시간으로 갈 수 있는 노선이에요. 현재는 김포공항 기준으로 사천공항보다는 여수공항으로 가는 비행기 편이 더 많아요. 출장객들을 노린 노선이라서 그런지 아침, 저녁 편수는 많은데 12-2시 사이의 편수는 적은 편이라 시간을 잘 확인해야 해요. 저는 비행기를 이용했다가 비행기를 한 번 놓친 적이 있는데, 노선 간격이 크다 보니 하루를 통째로 날렸던 적이 있어요. 그 상황에서 다시 KTX나 버스를 타러 가기도 애매했거든요. 최소 시간으로 갈 수 있지

만, 한 번 놓치면 시간을 날릴 수 있다는 것도 기억해주세요. 여수, 사천공항에서 남해터미널까지 차량으로 1시간 정도 소요돼요.

: 여수, 사천공항 이용 / 소요시간 1시간 / 약 50,000 - 70,000원으로 항공편 상황에 따라 다름.

 자차

남해에서 어차피 렌트를 해야 하기 때문에, 집에서부터 차를 가지고 가요. 짐이 많은 날에는 대중교통을 이용하고 환승하는 것도 버거우니까요. 장거리 운전을 감수해야 하지만, 제 속도에 맞춰서 느긋하게 운전해서 가는 편이에요. 대중교통을 이용하는 방법보다 효율적인 방법이라고 생각할 수 있지만, 대중교통을 이용하는 것보다 유류비가 더 많이 나오기는 합니다. 그래도 만만치 않은 렌트비를 생각하면서 마음을 달래요. 남해 내에는 유류비가 비싼 편이라서 남해 들어오기 전 고속도로 주유소를 이용해 주유를 하고 옵니다.

: 서울 기준 약 5시간 - 5시간 30분 소요

뚜벅이 여행은 결국, 버스 여행

대중교통에 의존해 남해를 여행한다는 건 욕심을 버려야 하는 일이었다. 서울에서 4시간 30분을 달려 남해를 왔지만 가고 싶은 장소를 가고자 한다면, 배차 간격이 큰 마을버스를 기다렸다가 또다시 오래 달려야 첫 목적지에 도착할 수 있었으니 말이다.

뚜벅이였던 나의 첫 남해 여행은 대부분의 시간을 버스에서 보냈다. 계획 없이 왔기 때문에 어디를 가야 할지 몰라 지도를 펼쳐놓고 마음에 드는 곳을 하나 골랐다.

'바다가 보이는 곳에 왔으니 바다도 직접 걸어봐야지!'

마침 책자 안에 하얀 모래사장과 파란 바다가 담긴 사진이 눈에 들어왔고, 그렇게 상주 은모래 비치가 목적지가 되었다. 숙소와 반대편에 있는

곳이었지만 목적지를 빨리 정해야 하기도 했고, 다른 계획도 없는데 멀리 가면 뭐 어떤가! 터미널에서 상주 은모래 비치로 가는 버스를 기다렸고, 버스를 타고 다시 40분 정도를 달렸다. 상주 은모래 비치 앞 정류장에 내리자마자 가장 먼저 한 일은 다시 터미널로 가는 버스 시간을 확인하는 일이었다. 남은 시간은 30분. 30분 동안 상주 은모래 비치를 둘러봐야 했다.

서둘러 바다로 달려가 신발을 벗고 맨발로 해변을 걸었다. 날이 흐려 사진처럼 새하얀 백사장은 아니었지만, 바닷물에 발을 담그고 있는 것만으로도 몸에 붙은 눅눅한 여름 공기를 씻어내는 기분이었다. 깨끗한 해변 위에 글씨를 썼다 지웠다, 삼각대를 만지작거리다가 손이 찍혀서 해변에 있는 의무실에서 찾아가 밴드도 붙였다. 때마침 울린 배꼽시계에 근처 밥집에서 허기도 달랬다. 물론 시계를 보면서 허겁지겁 먹기는 했지만. 짧다면 짧고 길다면 긴 30분 동안 바다를 제대로 본 건지 아닌지는 모르겠지만, 나름의 여행을 하고 터미널로 향하는 버스를 제시간에 탈 수 있었다. 다시 터미널로 한참 달리고 터미널에서 다시 마을까지 가는 버스를 타고 달려온 시간만큼을 또 달렸다. 버스에서 창밖 너머 풍경을 보는 시간이 더 많은 여행이었다.

뚜벅이로 남해를 여행한다는 건 시작부터 끝까지 버스 여행이나 다름이 없다. 비효율적인 루트의 여행이었지만, 그래도 아쉬움이 남지 않는 건 달리는 버스에서 남해 바다를 볼 수 있으니까. 어디를 달려도 바다가 보이지 않는 곳이 없으니까. 끊임없이 이어지는 남해 바다의 풍경에 잠시 넋을 놓고 있으면 이런 생각이 든다.

'버스가 더 돌아가도 괜찮을 것 같아.'

상주 은모래 비치

남해의 '하나우마베이'라는 말을 듣고 주저 없이 상주 은모래 비치로 향했던 기억이 난다. 하나우마베이(Hanauma Bay)는 하와이를 대표하는 아름다운 해변 중 하나로, 다양한 해양생물을 볼 수 있을 뿐 아니라 투명하고 푸른 바다의 풍경과 경치를 함께 감상할 수 있는 관광 명소이다. 20살 때 보았던 그 풍경을 한국에서 다시 볼 수 있다는 생각에 설레기까지 했다. 상주 은모래 비치를 옆에 끼고 미조면 방향으로 난 가파른 언덕길을 올라가다 보면, 투박한 정자가 하나 보인다. 표지판도 없어 아는 사람들만 찾아오던 이곳은, 어느새 소문을 듣고 많은 사람이 찾아오는 명소가 되었다. 부드러운 곡선 모양의 해변, 넓게 보이는 바다, 이곳을 둘러싸는 웅장한 산의 풍경을 한눈에 볼 수 있기 때문이다. 그 풍경은 하와이의 하나우마베이를 떠올리게 만든다. 하지만 흐린 날, 산에 구름이 걸리는 운해 가득한 웅장한 풍경은 오직 남해에서만 볼 수 있다. 상주 은모래 비치에서는 고운 해변 말고도 숲속에 와 있는 듯 깊고 높은 송림도 마주할 수 있다. 뜨거운 햇살 아래 큰 그늘이 되어준다. 북적이는 여름이 되면 이곳을 찾아오는 사람들을 위한 스노클링, 패들보트, 제트스키, 바나나보트 등 시원한 여름을 보내기 위한 다양한 액티비티도 마련되어 있다.

상주장 커피

경남 남해군 상주면 남해대로697번길 22-1
금토일 10:00 - 17:00 / 월 - 목 휴무

미조면에 사는 화영 언니 집에 머물다 보면 구수한 아이스라떼가 먹고 싶어질 때가 있는데, 그때마다 상주장 커피를 찾아가곤 한다. 언니네 집에서 그나마 제일 가까운 곳에 내 입맛에 맞는 카페가 차로 20분 거리에 있다는 게 다행이면서도 멀게 느껴진다. 1991년 여관을 리모델링해서 만든 카페 겸 호스텔로 1층은 카페, 2층과 3층은 호스텔로 운영하고 있다. 1층의 카페 공간은 추억 속 옛날 집의 인테리어를 그대로 가지고 있고, 2층과 3층의 호스텔은 방마다 네모난 창으로 남해의 마을 풍경을 마주할 수 있다. 커피 맛도 좋지만, 이곳을 찾아올 때 마주하는 골목길의 풍경도 이곳의 매력이다. 키가 고만고만한 건물 사이사이, 알록달록한 마을의 풍경을 걷고 있으면 구수한 옛 정취를 느낄 수 있다. 마당에 심어진 벚꽃나무 한 그루가 무성하게 자라서 흐드러지게 피어날 때쯤, 시원한 아이스라떼를 마시러 다시 찾아가고 싶다.

생각이 많은 날에는 남해에 갑니다

남해촌집 화소반

경상남도 남해군 상주면 상주로74번길 6
매일 11:00 – 18:00

흐리거나 비가 내리기 시작했다면 추천해주고 싶은 카페가 있다. 70년 된 구옥을 리모델링해서 만든 이 카페는 입구부터 울창한 나무들과 넓은 마당이 특징이다. 덕분에 흐리거나 비가 내리는 날에는 진득해지는 녹음에 그 매력이 배가 된다. 그래서 개인적으로는 날이 맑을 때도 예쁘지만, 흐리거나 비가 오는 날엔 더 멋스럽다고 생각한다. 유럽에서 건너온 엔틱한 잔에 나오는 커피에는 낭만이 가득이다. 카페 안쪽과 마당 곳곳에 숨은 레트로한 소품들이 향수를 불러일으킨다. 카페 벽에 적힌 정현종 시인의 '방문객'이라는 시를 소리 내어 읽다 보면 괜스레 마음이 말랑말랑해진다.

뚜벅이 여행자를 위한 남해 여행 방법

남해는 우리나라의 섬 중 산의 비율이 가장 많은 지역이기 때문에, 대부분의 도로가 산을 따라 구불구불한 커브길이에요. 산 중턱에 도로가 있어 자칫하면 큰 사고가 날 수 있어요. 많은 숙소가 높고 가파른 언덕에 위치해 있고, 길에는 가로등이 많은 편이 아니라 밤 운전이 쉽지 않을 수 있어요. 그렇기 때문에 초보 운전자들에게는 추천하지 않는 코스예요. 차라리 운전대를 내려놓고 창밖을 보면 훨씬 더 많은 걸 볼 수 있는 여행이 될 거예요. 저처럼 마음을 내려놓고 여유 있는 여행을 원한다면 마을버스를 타고 하루에 한 곳 정도의 목적지만 여행해도 좋고, 관광지만 알짜배기로 여행할 수 있는 가성비 있는 여행을 원한다면 뚜벅이버스, 시티버스, 택시투어를 이용하길 추천해요.

 남해 마을버스

시간적 여유가 있는 사람들에게 추천해요. 돌아가기 때문에 시간이 많이 소요될 수 있지만, 그만큼 다양한 남해를 볼 수 있어요. 배차 간격이 많지 않기 때문에 사전에 운행 시간을 꼭 확인하세요. 정류장 위치는 지도 앱을 통해서 확인할 수 있어요. 정류장마다 버스 시간이 붙어 있기는 하지만 남해군 홈페이지에서 출력해서 확인하는 것이 가장 정확합니다. (코로나 이슈로 인해 시간 및 노선 변동이 많아요.)

🚌 남해 뚜벅이버스

남해군에서 운영하는 버스로 남해 공용터미널에서 출발해서 대표 관광지를 순회해요. 다랭이 마을, 앵강다숲, 금산 보리암(1주차장), 독일마을 등을 순회하기 때문에 해당 관광지 여행 계획이 있다면 로컬버스보다 추천하는 노선이에요.

운행 시간 – 8:50, 11:00, 14:10, 16:20 / 총 4회 운행
배차 간격(소요 시간) – 1시간 50분
운행 요금 – 코스에 따라 1,450원~9,700원까지 상이(남해 방문의 해 기념 2022년 한정 1
　　　일 이용권 5,000원)

*자세한 내용은 남해군 홈페이지 참고.

🚩 택시투어

편리하고 프라이빗한 여행을 즐기고 싶다면 택시투어를 추천해요. 남해군 홈페이지에서 택시 관광 가이드를 신청할 수 있고, '로이쿠'라는 앱을 통해서 택시투어 예약이 가능합니다. 여행 루트, 시간, 기사님을 지정할 수 있어서 여행 계획을 자유롭게 정할 수 있어요. 6시간 기준 8만 원 정도로 이용할 수 있다고 해요.

🚩 시티투어

인터넷에 '남해여행 투어' 혹은 '남해여행 시티투어'라고 검색하면 여행사에서 제공하는 다양한 여행 패키지 상품을 만날 수 있어요. 서울에서 함께 출발해서 다양한 여행 코스를 들르는 패키지도 있고, 남해만, 혹은 근교인 통영, 여수, 사천을 함께 투어하는 패키지도 있어 입맛에 맞는 여행 패키지를 선택할 수 있어요.

무모한 로드트립

뚜벅뚜벅 두 발로 남해를 걸어본 적이 있다. 숙소에 짐을 풀고 근처에 가까운 해변을 찾기 시작했다. '여행의 시작은 일출, 여행의 마무리는 일몰이지!'라는 생각이 있었기 때문에, 남해에서 보내는 마지막 날에는 꼭 멋진 일몰을 보고 싶었다. 숙소에서 가장 가까운 해변이 있었는데, 우연히 그곳이 일몰 명소라고 하니 마음이 더 설레기 시작했다. 숙소 사장님께 물어보니 걸어서 40분이면 충분히 간단다. 평소에도 걷는 걸 좋아했던 나였기에, 여유로운 사장님의 표정을 보니 힘든 코스는 아니겠다는 생각에 호기로운 마음으로 출발했다.

해변이 가까이 보이는 듯했지만, 언덕 위에서 해변까지 바로 난 길이 없어서 꽤 돌아가야만 했다. 왠지 남해와 잘 어울리는 한적한 노래를 들으면서 걷고 있으니 마음이 다 평화로웠다. 길가에 핀 들꽃도, 전봇대를 칭칭 감싸고 있는 풀들도, 마을을 더 가까이 보는 것도, 두 발로 걸으며 볼 수 있는 풍경은 버스를 타고 보는 풍경과는 또 달랐다. 지도에는 나오지 않는 논길을 찾아 걸어가니 생각했던 시간보다 빨리 도착할 수 있었다. 입구에 크게 적힌 '사촌 해수욕장'이라는 큰 표지판이 보였다. 마을 안쪽으로 오래된 듯한 놀이터와 작은 구멍가게를 지나니 바로 앞에 해수욕장이 펼쳐졌다. 낮에는 카약 체험을 한 모양인지 해변 한쪽에는 카약이 일렬로 정돈되어 있었지만, 사람들의 인기척은 전혀 들리지 않았다. 일몰 명소라는 말과 달리 조금은 쓸쓸해 보였다.

설상가상으로 해가 지려면 시간이 많이 남은 듯했는데, 날이 흐려 해가 보이지 않았다. 혹시나 다시 구름 사이로 해가 나오지 않을까 싶어 기다렸지만, 내 마음을 아는지 모르는지 해는 아예 구름 뒤로 쏙 숨어버리고 말았다. 아무래도 오늘은 포기해야 할 것 같았다. 바다를 가까이에서 본 것만으로도 만족해야 했다. 버스에서 바라보는 바다와 직접 눈앞에서 바라보는 바다는 또 다르니까. 아쉬운 마음이 틈을 타 조금이라도 비집고 들어오지 못하게 이 정도라도 충분하다며 스스로를 다독였다. 그런데 점점 어두워지기 시작하는 마을을 보니 덜컥 겁이 나기 시작했다. 출발할 때는 미처 생각하지 못했던 것이다. 돌아가는 길은 해가 지고 어두워질 것이라는 걸 말이다. 게다가 걸어온 길은 내리막길이었지만, 돌아갈 길은 오르막길이었다. 서둘러 발걸음을 옮기는데, 아까 마주한 아름다운 풍경들이 어둠에 묻히기 시작했다. 지름길이라고 좋아했던 논길은 처음부터 포기하고 큰길을 택했지만, 큰길에도 가로등이 없어 어두운 건 마찬가지였다. 왜 이 마을에는 가로등도 하나 없는 건지, 제대로 된 인도도 없는 건지, 사장님은 왜 나를 말리지 않은 건지, 갑자기 모든 것들이 야속해졌다. 계속 언덕을 오르다 보니 다리도 아파오기 시작했다. 지나가는 차를 붙잡아 태워 달라고 해볼까 생각도 했지만, 지나가는 차도 없을뿐더러 용기도 나지 않았다. 출발할 때의 여유와는 달리, 빨리 숙소를 가야 한다는 생각 하나로 앞만 보고 달려가는 경주마처럼 발걸음을 빨리했다. 저 멀리 아득한 숙소의 불빛을 보고서야 비로소 마음이 놓였다. 까만 밤이 되어서야 비로소 숙소 앞에 도착할 수 있었다.

숙소 문을 열고 들어가니 사장님과 오늘 투숙한다는 다른 부부가 계셨는데, 그 부부가 나를 보며 깜짝 놀라셨다. 아까 차를 타고 오다가 어떤 처자가 굽이굽이 산길을 걸어 다니나 싶었는데, 그 처자가 바로 이 문을 열고 들어왔다는 게 아닌가.

"그 처자, 무섭고 힘들어서 울 뻔했는데 태워주시지 그러셨어요."

장난을 섞어가며 웃다 보니 그날 뚜벅이의 힘든 하루가 그나마 씻겨 내려가는 기분이었다. 낯선 곳에서 걸어서 40분이라는 시간은 익숙한 곳을 걷는 40분과는 다르다는 걸 몸소 깨닫게 된 날이었다. 그리고 남해의 밤길은 굉장히 어둡다는 것도 말이다. 상향등을 켜야 보이는 남해의 밤길을 운전하다 보면 가끔 그때 생각이 난다. 한 치 앞도 보이지 않는 까만 밤길을 다시 걸어보라고 하면 한 발자국도 떼지 못할 것 같다.

그 후 다시 찾은 사촌 해수욕장. 그날 보지 못했던 일몰을 원 없이 보았다. 쉽게 볼 수 없는 풍경이라는 생각에 더욱 아름답고 또, 소중했다. 그런 마음을 가지고 또 찾아오라는 마음에, 그런 마음을 가지고 바라보라는 마음에, 그날 일몰을 꼭꼭 숨겨둔 건 아닐까 싶다.

　생각이 많은 날에는 남해에 갑니다

매일 다른 풍경을 바라보는 일

"J, 이 풍경은 매일 보면 지루하지 않아?"

매일 보는 풍경이라면 내가 보는 것만큼의 감흥은 없을 수 있겠다고 생각했다.

"시간이 변하고 계절이 변할 때마다 항상 다른 모습이야. 구름도, 하늘도."

같은 풍경을 보며 전날 아침에도 찍고, 저녁에도 찍고, 오늘 아침에도 찍은 내 모습이 떠올랐다. 누군가 내가 찍은 사진들을 힐끗 보면 같은 사진이라고 느껴질 법한 비슷한 구도의 사진들이었다. 수도 없이 많은 사진을 담고 담았던 건 어쩌면 J와 같은 이유였던 것 같다. 시간이 흐르면서 달라지는 매 순간의 풍경과 느낌을 놓치고 싶지 않아서였을 것이다.

생각이 많은 날에는 남해에 갑니다

촬영을 마치고 숙소로 돌아가는 길.

이제야 남해의 풍경이 눈에 들어오기 시작한다.

어둠 속에서도 존재감을 드러내는 벚나무를 보며 하루의 고단함을 씻어낸다.

남해의 죽이는 야경

"이야~ 야경 죽인다!"

저녁을 먹은 뒤 바깥으로 나간 K가 큰 소리로 말했다.

"우와, 정말!?"

마치 폭죽놀이의 하이라이트를 놓치면 안 될 것 같은 사람처럼 헐레벌떡 밖으로 뛰어나갔다. K의 시선을 따라 하늘을 올려다보았는데, 내가 보기엔 그저 캄캄한 밤이었고 아무것도 없었다. 아무것도 없는 밤하늘을 보며 진짜 멋진 야경을 본 사람처럼 멋있다고 외친 K가 황당해서 웃음이 터졌다.

도대체 나는 어떤 야경을 상상했던 걸까? 서울처럼 화려한 야경을 상상했던 걸까? 황당한 마음을 감추고 다시 남해의 야경을 바라보았다. 바다 위에 떠 있는 화물선에서 나오는 불빛, 몇 안 되는 건물에서 흘러나오는 작은 불빛, 하늘에서 유독 반짝이는 별빛과 달빛. 어둠에 익숙해지고 나니 작은 불빛들이 제법 잘 보이기 시작했다. 이것 또한 서울에서는 볼 수 없는 남해만의 밤의 경치가 아닐까 싶었다.

"그러네, 야경 참 좋다."

맥주 캔을 하나씩 들고나와 '죽이는 남해의 야경'을 안주 삼아 맥주를 비워냈다.

여행의 이유

또다시 여행의 끝이 보이기 시작했다. 내 앞에 펼쳐진 파랗고 넓은 바다와 푸른 산을 두고 다시 서울로 떠나야 했다. 이 풍경을 매일 보고 살아가는 이곳 사람들이 마냥 부러웠다. 서울에서는 창밖을 내다보면 빼곡한 건물 사이로 하늘의 반도 채 보이지 않는데, 이곳은 고개만 돌리면 바로 그림 같은 풍경을 볼 수 있으니 말이다. 자연을 곁에 두고 살아간다는 건 얼마나 행복한 일일까. 그렇게 살아보지 않아 가늠도 되지 않지만, 내 나름대로 엄청난 행복일 거라고 추측해 보았다.

마침 일정이 있어 터미널로 가야 한다는 K의 차를 타고 터미널로 향했다. 남해를 왔을 때 보았던 차창 밖 풍경이 다시 거꾸로 돌려지고 있다. 되감기해서 다시 남해에 도착했던 그때가 되었으면 좋겠다고 생각했다. 잠

시 일상의 삶을 잊고 남해의 시간으로 산 2박 3일이 마치 4박 5일처럼 길게 느껴지면서도 집으로 돌아가는 날이라는 사실에 시간이 너무 빠르다고 툴툴댔다. 떠나는 날 날씨가 좋은 건 여전히 변함이 없었다. 언제 다시 오게 될지. 다시 오게 되어도 모든 게 그대로 있을지 모르겠지만, 그랬으면 좋겠다고 생각했다.

서울로 돌아가는 버스에서 멍하니 창밖을 바라보며 5시간 동안 머릿속으로 정리를 했다. 무슨 정리를 한 건지는 모르겠다. 복잡한 고민의 실타래가 풀린 것 같기도 하고, 아니면 그냥 사라진 것 같기도 하고. 어딘가에 있는데 그냥 숨겨둔 것 같기도 하고. 특별히 무언가를 한 것도 아닌데 머릿속이 깨끗하게 정리가 되어 있었다. 마침 해가 지기 시작한 때라 강렬한 일몰 빛을 맞으며 턱을 괴고 풍경에 취해 생각에 잠겼다. 서울로 돌아가도 이곳에서 보낸 시간이 내 삶에 큰 변화를 가져오지는 않을 것이다. 하지만 또다시 살아갈 힘을 얻고 누군가로부터, 자연으로부터 얻은 에너지로 이전보다 행복한 사람이 되었다는 것은 분명하다. 그거면 충분하다. 행복한 사람이 되는 것, 그게 내가 여행을 하는 이유이다.

치킨만 한 위로는 없지

복잡한 일상에서 벗어나 남해를 찾아오는 한 가지 이유는 바로, 아무것도 하지 않고 쉬기 위함이었다. 목표를 실천하기 위해 여행 계획은 짜지 않는 편이지만, 이상하게도 남해만 오면 가고 싶은 곳이 머릿속에 떠올랐다. 아무것도 하고 싶지 않은 여행과 가장 어울릴 만한 곳이었다. 해변을 지키고 서 있는 무성한 방조림 사이를 산책하는 일, 그리고 나무 그늘 아래에 앉아 파도소리를 들으며 사색에 잠기는 일을 떠올리니 이곳이 최적의 장소라는 생각이 들었다.

숙소에서 반대편에 있는 독일마을 아래 동네인 물건리에 있는 방조 어부림으로 향했다. 숙소에서 꽤 멀리 떨어져 있는 곳이지만, 특별한 일정이 없었기 때문에 그건 문제가 되지 않았다. 제법 익숙해진 터미널에 도착해서 독일마을로 가는 버스표를 구매했다. 독일마을에 도착해서 물건 마을까지 걸어갈 생각이었다. 정류장에 독일마을로 가는 것 같은 버스가 한 대 주차되어 있어서 나는 한 치의 망설임과 의심 없이 그 버스에 올라 탔다. 사람은 없었지만, 딱히 이상한 점은 느끼지 못했다. 오히려 사람이 없는 게 이곳과 너무 잘 어울렸으니까. 한참을 좌석에 앉아 기다리는데 시간을 보니 출발 시간이 지나있었다. 급하게 버스에서 내려 다른 기사 아저씨께 물어보니 내가 타려고 했던 버스가 이미 출발했다는 것이다. 심지어 다음 버스는 1시간이 지난 뒤에나 있다고 했다. 확인도 하지 않고 버스를 타고서 시간이 흘러갈 때까지 난 뭘 하고 있었던 걸까.

나 자신에게 화가 나기 시작했다. 늦어서 버스를 못 탄 것도 아니고 일찍 와서 버스를 기다렸는데, 버스를 잘못 탄 자신이 한심하게 느껴졌다. '내가 그렇지 뭐.' 제대로 확인하지 않은 자신을 자책하다 보니 스스로 땅을 파며 어두운 구덩이 속으로 걸어 들어가고 있다는 생각이 들었다. 이미 버스는 지났고, 시간을 되돌릴 수 없는데 화를 내봤자 달라지는 게 있을까. 계속 화를 내는 일은 기분만 더 상하게 할 뿐이었다. 지나간 일은 그만 생각하고 앞으로 어떻게 할 것인가를 생각해야 했다. 물건리를 가야 할까 고민하다가 문득 J가 어제 먹고 싶다고 했던 시장표 치킨이 생각났다. J에게 전화를 걸었다.

"우리 치킨 먹을까?"

다시 버스를 타고 숙소로 돌아가는 내 손에는 두 마리의 치킨이 들려있었다. 버스 안은 치킨 냄새로 진동했고, 치킨을 보며 창밖의 남해 풍경을 보며 스스로를 다독였다.

숙소에 도착해서 J의 얼굴을 보는 순간 울컥해서 눈물이 날 뻔했다. 땀범벅이 된 몸부터 씻어야 했다. 개운하게 씻고 나오니 J는 손으로 치킨을 하나하나 찢어주었다. 나의 실수 덕분에 한낮의 치킨 파티가 열렸다. 치킨을 맛있게 먹는 J를 보니 나도 덩달아 기분이 좋아졌다. 그러고 보니 오히려 버스를 놓친 게 잘된 일처럼 느껴졌다. 나도 모르게 욕심을 내고 내뜻대로 되지 않는다고 마음이 삐뚤어지던 나를 다시 되돌아보았다. 어디에선가 들었던 '한쪽 문이 닫히면 다른 쪽 문이 열린다.'라는 말이 생각났다. 하나의 문이 닫혔다고 혼자 땅굴을 파고 들어가는 일은 없어야 하겠다. 예상하지 못한 곳에서 다른 문이 열릴 테니까.

"물건 방조 어부림에 같이 갈래?"

가지 못한 서운함을 내심 느꼈는지 J는 물건 방조 어부림을 같이 보러 가자고 했다. 그렇게 우리는 물건 방조 어부림으로 드라이브를 떠났다. 편도로 40분 넘는 거리였다. 도착하니 이미 해는 졌고, 내가 생각했던 한낮의 따사로운 햇볕은 없었지만, 등불이 켜진 고요한 바다가 있었다. 방조 어부림에 왔다는 것보다 서로의 마음을 알아주는 우리가 함께 있다는 사실 덕분에 행복해지는 순간이었다.

물건리 방조 어부림

경남 남해군 삼동면 동부대로 1030번길 59

높은 언덕에 있는 독일마을에서 바다를 내려다보면, 넓은 남해 바다의 풍경과 해변을 따라 조성된 울창한 숲이 보인다. 독일마을에서 부둣가 쪽으로 내려가면

생각이 많은 날에는 남해에 갑니다

닿게 되는 곳이 천연기념물 제150호인 물건 방조 어부림이다. 느티나무, 이팝나무, 상수리나무 등 다양한 나무들이 심어진 이곳은 마음의 묵은 때를 씻어내기에 충분한 푸른 울창함이 있다. 독일마을은 관광객으로 북적이는 반면, 언덕 아래에 위치한 물건 방조 어부림은 찾아오는 관광객은 드물지만, 이곳의 매력을 아는 사람들이 끊임없이 찾아온다. 나도 그렇다. 잔잔한 바다의 결을 보고 있으면 따라서 마음이 평온해지고 투명한 바닷물 아래 알록달록하고 온화한 몽돌들을 보면 뾰족했던 마음도 함께 동그래진다. 바다의 바퀴벌레라고 불리는 갯강구들이 돌 틈 사이사이로 몸을 숨길 때마다 흠칫 놀라게 되지만 말이다.

유난히 숲이 우거진 여름, 잎사귀 너머로 들어오는 햇살을 받으며 숲 그늘에 앉아 아무 생각 없이 시간을 보내다 보면 이만한 마음 찜질방이 따로 없다. 뜨끈뜨끈한 여름의 열기에 근심과 걱정을 흘려보내고 나니 마음이 한결 가벼워진다. 강한 바닷바람과 해일로부터 피해를 막기 위한 방조림이지만, 이곳에서 쉬다 보면 막아지는 건 단지 바닷바람과 해일만은 아닌 듯하다.

이태리 회관

경남 남해군 삼동면 동부대로 1030번길 80
10:00 – 16:00, 수요일 휴무

물건 방조 어부림을 마주하는 곳에 이태리 회관이라는 아담한 에스프레소 가게
가 있다. 남해와 에스프레소라…. 뭔가 어울리지 않는 것 같은데, 에스프레소 한
잔을 마시고 나면 남해와 잘 어울린다는 생각이 든다. 달달한 코코아 가루가 가
미된 에스프레소, 에스프레소 샤베트도 있어 친숙하지 않은 사람들도 기분 좋게
먹을 수 있는 맛이다. 에스프레소는 마냥 쓸 것 같다는 생각에 평소에 시도조차
하지 않았지만, 생각보다 훌륭한 맛에 놀라 다른 종류의 에스프레소도 도전해보
고 싶은 용기가 생긴다. 숲 한 번, 커피 한 입. 번갈아 가며 느긋한 여유를 마신다.

손가락 프레임 속 그 바다

　카메라로 같은 장면을 몇 장이나 찍었는데도 불구하고 모자라다는 생각이 들었다. 사진은 눈으로 보는 것의 조금도 담아내지 못하는 것 같았다. 이 장면을 오랫동안 기억하는 방법은 없을까?

　카메라를 내려놓고 양손의 엄지와 검지를 펼쳐 양 끝을 모아 네모난 작은 프레임을 만들었다. 작은 프레임 안으로 비 온 뒤 맑은 하늘, 파랗고 고요한 바다, 푸른 산과 들판, 둥근 섬, 색색의 지붕들이 담겼다. 잊고 싶지 않은 것들을 더 오래 살펴보았다. 신기하게도 눈으로 구석구석 담은 것들은 사진을 굳이 찾아보지 않아도 머릿속에 선명하게 남아 있었다. 머릿속에 선명한 그 풍경을 다시 보고 싶어 다음 해, 그리고 다음 해가 지나서 다시 찾았을 때도 손가락 프레임에 담긴 풍경은 처음 그대로였다. 마치 이

곳은 시간이 흐르지 않은 것처럼.

　여덟 번째 해, 처음에 했던 것처럼 똑같이 손가락으로 작은 프레임을 만들어 그때 보았던 것들을 똑같이 담아본다. 맑은 하늘, 파랗고 고요한 바다, 푸른 산과 들판, 둥근 섬, 색색의 지붕들이 그대로 담긴다. 혹시라도 내 손가락을 비집고 올라온 높은 건물이 있지 않을까, 특이한 조형물이 짠하고 생겨버리지는 않았을까, 봉긋했던 산이 뾰족하게 깎이진 않았을까, 나의 걱정과 달리 모든 것이 그대로였다. 그 바다를 보고 있으면 여덟 해 전에 만났던 그 바다를 보고 있는 기분이다. 그때의 나는 알았을까? 오랜 시간 동안 같은 풍경을 보며 어느 한때를 기억하게 될 줄을 말이다. 어쩌면 남해의 풍경과 바다, 그것만큼 오래 기억하고 싶은 건 두 팔 벌려 작은 프레임을 만들던 그 시절의 나일지도 모르겠다.

발령 대기를 앞두고 수술실만은 아니길 바랐다. 병동, 분만실, 정신과, 중환자실까지 모든 부서를 실습한 경험이 있었지만 단 한 곳, 수술실은 들어가 본 적이 없었다. '의료진 외 출입금지'라고 쓰인 단호한 글씨 뒤에서 일어나는 일들을 한 번도 본 적이 없었기 때문에 막연한 두려움이 있었다. 하지만 불안한 예감은 틀린 적이 없다. 정신 차려보니 나는 수술실 간호사가 되어 있었다. 처음 수술실을 들어가니 큰 전광판에는 끝이 보이지 않는 그날의 수술 스케줄과 각 방마다 수술을 진행하는 모습이 한눈에 보였다. 과연 내가 설 곳이 저기 어딘가에 있을까, 눈앞이 캄캄했다.

　정식으로 수술실 간호사로 근무를 시작하고 한동안은 수술포가 깔린 멸균 구역에 몸이 닿지 않게 멀찌감치에서 선 채로 수술을 지켜본다거나,

멸균된 수술복을 입고 수술 기구가 잔뜩 깔린 수술상 앞에 바짝 긴장이 된 채로 서서 수술을 참관하는 것이었다. 멸균된 수술복을 입고 난 후에는 배꼽 아래로 손을 내리는 것도, 가슴 위로 손을 올리는 것도, 오염된 것으로 간주했기 때문에 항상 의식하지 않았던 내 손의 행방을 끊임없이 의식하고 있어야 했다. 나도 모르게 머리를 긁고 있는 건 아닌지, 얼굴을 만진 건 아닌지 무의식을 붙잡고 있으랴, 가려움을 참으랴, 수술을 이해하랴, 속으로 조용한 사투를 벌여야 했다. 게다가 수술실은 춥고, 수술복은 반팔이었기 때문에 근무하기 전에 꼭 핫팩을 붙이고 출근했는데, 수술복만 입으면 핫팩을 붙인 자리에 땀이 차곤 했다. 멸균된 수술복에 이상한 마법이 걸려있는 것처럼 말이다.

수술실 간호사의 주된 업무는 수술을 돕는 일로, 수술방과 수술 기구 등 수술 전반에 필요한 모든 것들을 관리하고, 스케줄에 맞춰 수술을 준비한다. 또, 수술 필드 안팎으로 수술 물품을 직·간접적으로 전달해주며 써전(surgeon, 외과의사)과 함께 수술을 진행해나가는 역할을 한다. 수술실 간호사가 수술을 직접 집도하지는 않지만, 어떤 수술을 왜 하는지, 수술의 진행 과정, 진행 상황, 수술에 맞는 기구, 써전의 스타일까지 이해하고 있어야 했다. 이런 수술을 하는 부서는 크게 12개의 과, 세분화하면 23개 정도의 과가 있었다. 전공책에서 본 적 없는 신기한 물건들이 난무하고 고가의 특수 장비가 많아서 항상 주의를 기울여야 했다. 과의 특성마다 쓰는 기구와 장비가 달랐는데, 수술 부위가 작은 이비인후과 수술에는 손에도 잘 잡히지 않을 작은 마이크로 기구가 많았고, 척추 파트로 가면 아빠의 공구함을 가져다 놓은 듯한 투박한 기구들이 많았다. 수술 기구들을 제대로 세척, 소독, 멸균하는 것도 수술실 간호사의 일이었다. 기구 세척 및 멸균법, 소독과 멸균이 이해, 멸균하는 여러 가지 방법 중에서 기구 재질에 따른 적절한 멸균 방법을 이해하고 있어야 사고가 발생하지 않는다. 신규 간호사 때는 그저 막연한 두려움만 있었지, 수술실 간호사가 이렇게 많은 걸 알고 있어야 한다는 걸 몰랐다. 알았더라면 도망쳤을지도 모르겠다.

"선생님, 이걸 제가 다 할 수 있을까요?"

포기하고 싶었다. 병원은 항상 인력이 부족했고, 수술실은 배울 것이 많았기 때문에 트레이닝을 목적으로 모든 수술을 선배 간호사와 더블로 들어가서 배울 수는 없었다. 그저 온몸으로 부딪치면서 배워야만 했다. '동기사랑 나라사랑'이라는 말이 있다. 간호 생활을 견디게 해주는 건 함께 입사한 동기뿐이라는 뜻이 있다. 나의 동기는 수술실에서 며칠 근무를 하더니 피를 보지 못하겠다는 이유로 부서변경 신청을 했다. 하나뿐인 내 동기는 그렇게 다른 부서로 떠났고, 나는 퇴사할 때까지 동기도 없이 혼자 수술실에서 견뎌야 했다.

어느 날, 준비실에서 혼자 수술 기구를 풀어놓고 기구 이름을 외우고 있었는데, 바로 위 연차 선배가 오더니 자신이 적은 노트를 주었다. 노트 안에는 수술 준비물, 수술 과정, 주의할 점이 적힌 노트였는데, 교수님 장갑 사이즈, 선호하는 기구의 종류까지 세세하게 적혀있었다. 그제야 내가 무엇을 준비하고, 수술 과정에서는 어떤 걸 주의해야 하는지 깨달았다. 그 노트를 참고하면서 새로운 수술을 배울 때마다 내 방식대로, 나만의 수술 과정을 적은 노트를 완성해나갔다. 그 선배의 도움으로 동기도 없었던 나는 수술실 일을 조금씩 배워나가기 시작했다.

어떤 날은 나를 도와주지 않는 수술실 환경을 탓한 적도 있다. 완벽하게 알지 못하는 수술의 스크럽 간호사로 들어갈 때마다 멸균복을 뚫고 심장이 나올 것처럼 긴장이 됐다. 전날 밤, 수술 순서를 외우고 수술 과정을 상상하면서 시뮬레이션을 수도 없이 했지만 수술 당일, 써전의 "수술 시작하겠습니다." 이 한마디면 머릿속이 하얗게 변해버리곤 했다. 내가 미처 준비하지 못한 건 없을까, 혹시나 실수하지 않을까, 혼나지 않을까, 끊임없는 긴장과 스트레스의 연속이었다. 하지만 자신만의 노트를 완성한 선배의 모습을 떠올리며 상황을 탓하는 것보다 이 상황 안에서 내가 할 수 있는 일을 성실하게 하는 것이 나를 위한 길이라는 것을 알았다. 호랑이같이 무서웠던 써전도 노력하는 신규 간호사를 나무라기보다 천천히 속도를 맞춰주고 기다려주면서 배워가는 과정을 도와주고 있었다.

　설 곳이 없을 것이라고 생각했던 수술방 안에서 점점 내 자리를 찾아가기 시작했다. 내가 한 번이라도 참여했던 수술은 노트에 잊지 않고 적어두었다. 노트에 살이 채워지면서 나중에는 노트를 보지 않아도 몸이 저절로 움직이기 시작했다.

생각이 많은 날에는 떠나는 편입니다

생각이 많은 날에는 하염없이 걷는다. 집으로 갈 수 있는 빠른 방법보다 굳이 먼 길로 돌아가는 길을 택한다. 걸어가는 발걸음 하나에 머릿속에 가득 찬 고민과 잡념들을 하나씩 길 위에 툭툭 버린다. 아무리 돌고 돌아도 집으로 가는 길이 가깝게 느껴지는 그런 날에는 멀리 떠나는 편이다. 쉽게 갈 수 있는 여행지보다 멀고 오래 걸리는 여행지를 택한다. 버스를 타면서부터 꺼내기 시작한 고민과 잡념을 먼 곳까지 가서 바람과 함께 털어낸다. 오랜만에 밤길을 걷다 보니 걷기 좋은 계절이 돌아왔음을 실감한다. 그 말은 곧 떠나기 좋은 계절이라는 말이다. 남해로 훌쩍 떠나던 그 길이 그리워지는 걸 보니 남해로 떠날 때가 되었다는 생각이 든다. 버리기 좋은 계절이니까.

그대로 있어줘서 고마운

　수술실은 매일 매일이 전쟁터 같은 곳이었다. 이번 수술에서 내가 사용하는 기구는 몇 개인지, 바늘은 몇 개를 썼는지, 거즈는 몇 개를 썼는지 세고 있어야 할 건 넘쳐났고, 동시에 수술 순서에 따라 필요한 기구들을 생각하고 미리 준비해야 했다. 이 중에서 단 하나라도 소홀히 했다가는 혼나는 일은 둘째치고 환자에게 치명적일 수 있었기 때문에 초긴장 상태에서 일을 해야 했다. 수술이 바쁘게 진행되는 날에는 손이 네 개 정도면 좋겠다는 생각을 하기도 했다. 근무 시간이 8시간으로 정해져 있어도 응급 수술이 있거나 인력이 부족할 때는 초과 근무를 하는 날이 잦았고, 그것도 내가 아닌 타인에 의해 강요된다는 게 힘들었다. 숨 막힐 듯 돌아가는 일에 몸과 마음이 지쳐있었다.

따뜻한 기억으로 남아 있는 남해가 문득 떠올랐다. 다녀온 지 한 해가 넘었지만, 남해를 가기 위해 버스에 몸을 실었다. 비가 올 거라는 예보를 듣고 숙소에서 쉴 수 있을 것이라는 생각에 안도했는데, 서울을 벗어나자마자 거짓말처럼 하늘이 맑아졌다. 익숙한 버스 정류장에 다다르자 안내도 없이 익숙하게 버스에서 내려 숙소로 걸어갔다. 익숙하면서도 낯설지 않은 기분은 마치 할머니 댁에 놀러 온 것 같은 설레는 환기를 주었다.

'모두가 그대로일까? 변했으면 어쩌지?'

설레는 마음을 안고 도착한 이곳은 나의 걱정과 달리 모든 것이 그대로였다. 1년의 시간이 흘렀지만, 이곳은 며칠 전에 온 것처럼 모든 것이 익숙했다. 시간의 손길이 미처 이곳까지는 닿지 않은 듯 고요했고, 그대로였다. 매일 빠르고 숨 막히게 지내오다가 이곳에 오니 다른 시공간으로 떨어진 것 같다. 기대했던 것들이 사라져있지 않을까 걱정했는데, 모든 게 제자리에 그대로 있어줘서 얼마나 고마운지. 바짝 조였던 허리띠를 풀듯 숨통이 터진다. 긴장되어있던 모든 신경이 이제야 제자리를 찾아간다.

행복해져야 할 이유를 굳이 찾지 않더라도 이곳에 있는 동안에는
자연스레 행복한 사람이 된다. 남해는 나를 그렇게 만들어주는 곳이다.
여기저기 많은 곳을 다니는 것도 좋지만, 마음의 고향 같은 여행지,
한 곳을 두는 것만큼 마음이 따뜻해지고 풍요로운 일은 없다.

남해의 봄을 보지 못할까봐

"남해는 봄이 가장 예뻐요. 저는 봄의 남해를 가장 좋아해요."

여름의 남해도 충분히 훌륭했기 때문에 여름이 가장 예쁠 것이라는 대답을 기대했는데, 나의 예상이 빗나갔다. 수없이 남해의 사계절을 마주하며 오랫동안 남해에 살아온 분이 특히 봄이 예쁘다고 하니 남해의 봄은 어떨까 몹시 궁금해졌다. 여간해선 여행 계획을 짜지 않는 편이지만, 남해의 봄을 보고 싶은 간절함에 겨울의 찬바람이 다 가시기도 전에 여행 계획을 세워두었다. 남해의 봄을 만날 거라는 생각을 하니 견디기 힘든 겨울의 매서운 추위도 이겨낼 수 있을 것 같았다.

떠나는 날을 손꼽아 기다리고 있던 어느 날, 나에게 큰일이 생기고 말았다. 몇 해 전 라식 수술을 받기 위해 눈 검진을 받다가 우연히 망막 박리라는 질환을 발견하고 수술을 했었는데, 2년이 지난 지금 재수술을 해야 한다는 것이다. 망막은 카메라로 치면 필름에 해당하는 부분이라서 망막 박리가 된다는 건 필름이 찢어진다는 것과 같은 것이었다. 필름이 찢어지면 사진이 제대로 나오지 않는 것처럼 망막 박리가 될 경우에는 커튼 친 것처럼 시야가 가려져 보이고, 최악의 경우 실명을 할 수도 있었다. 첫 수술을 잘 마치고 어떤 증상도 없었기 때문에 재수술을 한다는 건 상상도 해보지 않은 일이었다. 거울을 보면서 불안한 나날을 보내던 시절을 또 한번 반복해야 한다고 생각하니 세상이 무너지는 것 같았다. 그리고 무엇보다 남해의 봄을 보지 못할까 봐, 기대하던 남해의 봄을 사진으로 담지 못할까 봐, 그 걱정뿐이었다.

일단 수술은 미룰 수 없으니 바로 진행하게 되었고, 3주 정도 모든 일을 쉬어야 했다. 남해의 일정까지는 아직 한 달 정도 여유가 있었기 때문에 회복만 잘하면 일정을 미루는 일은 생기지 않을 듯했다. 처음 수술했을 때보다 약도 잘 챙겨 먹고 안약도 잘 넣고, 눈도 쉬어주고, 누워만 있기보다 집안에서 일상생활을 하면서 컨디션이 떨어지지 않게 수술 후 관리에 집중했다. 첫 수술 때는 3주 후 일상생활이 가능해졌기 때문에 재수술도 3주 후에는 무리 없이 일상생활이 가능할 거라는 믿음이 있었는데, 회복이 내 생각만큼 따라와 주지 못하고 있었다. 그 어떤 것보다 시간만이 해결할 수 있는 게 존재한다는 걸 그때는 몰랐다.

3주가 지나면서 아침에 눈을 뜨면 가장 먼저 하는 일은 누워서 손거울로 눈의 상태를 확인하는 것이었다. 퍼렇게 멍이 들었던 눈은 점점 누렇게 색이 빠지기 시작했지만, 빨갛게 충혈되고 퉁퉁 부어 올라와 있는 흰자 부분은 아직도 나아지는 것 같지 않았다. 공포영화에나 나올 법한 빨갛게 충혈된 눈과 부기가 빠지지 않아 온전하게 뜨지 못하고 있는 눈은 내가 보기에도 흉물스러웠다. 이대로라면 남해의 봄을 포기하는 게 나을 듯했다. 하지만 나에게 멀쩡한 두 팔과 두 다리가 있는데, 보지 못한다고 해서 가지도 못하는 건 지금의 나에게도 미래의 나에게도 미안한 일이 될지도 모르는 일이었다. 내년에 이 시기에 맞춰 다시 남해를 갈 수 있을 것이라는 장담도 할 수 없었다. 많은 고민 끝에 결국 벚꽃을 택했다. 대신 무리하지 않는 선에서 남해의 봄을 맞이해보기로 했다.

서울은 아직 나무 끝에 겨울이 한창이었는데, 봄기운이 올라온 남쪽은 벌써 벚꽃이 만개하고 봉오리를 터트리고 있었다. 단 몇 시간의 이동으로 계절을 뛰어넘은 듯했다. 오랜만에 만난 햇살에 쉽게 적응하지 못했던 눈을 보호하기 위해 선글라스를 써야 했지만, 선글라스 너머로도 봄은 시리도록 아름다웠다. 놓칠 뻔했던 탐스럽고 황홀한 봄이었다. 어떤 미사여구도 없이 남해의 봄이 가장 예쁘다고 말했던 그 말을 이해할 수 있을 것 같다.

'어떤 말로 남해의 봄을 표현할 수 있을까?'

내가 알고 있는 단어로는 충분한 말은 없을 것 같았다. 온 동네에 핀 벚꽃길을 달리며 이곳에 오지 않았을 나를 상상해보니 생각만으로도 우울하다. 벚꽃을 보러 가겠다고 결정한 내 자신이 무모하게 느껴지기도 했지만, 막상 와보니 잘했다는 생각뿐이다. 여기에서만큼은 매일 아침 눈을 보며 좌절하던 나는 없었으니 말이다. 다행히 하루하루 눈도 마음도 서서히 나아지고 있었다. 소중한 봄이었다.

재수술을 하고 4년이 지난 지금, 드디어 이제는 병원에 오지 않아도 된다는 완치 판정을 받았다.

"눈을 되찾았으니 이제 큰일을 해야겠네요."

교수님의 그 한마디에 6년 전 망막 박리 진단을 받은 날부터 있었던 일들이 주마등처럼 머릿속을 스쳐 지나갔다. 삶의 유한함 속에서 내가 보고 싶은 것은 무엇인지, 하고 싶은 것은 무엇인지, 어떤 삶을 살고 싶은지에 대한 질문을 끊임없이 하게 된 시간이었다.

재수술을 마치고 얼마 지나지 않아 간호사 일을 그만두었다. 새로운 꿈이 생긴 탓이었다. 간호학을 전공하고 1,000시간이 넘는 임상실습을 거쳐 힘들게 간호사 면허를 땄지만, 정년퇴직까지 하겠다는 첫 포부와 달리 임상경력을 5년도 채우지 않고 병원을 나왔다.

내가 좋아하는 일을 해야겠다는 결심은 어쩌면 그 봄, 남해를 가기로 한 그 순간의 결정이 틀리지 않았음을 알았기 때문이었을지도 모르겠다. 어쩌면 눈 수술은 새 출발을 위한 예정된 수순이었는지도 모른다. 나는 여전히 더 많은 세상을 보고 싶었고, 더 많은 세상을 카메라에 담고 싶었다. 그것이 바로 내가 간절히 원하던 세상이다.

블로그 10년차. 기록이 주는 힘

    오랜만에 대학 친구들을 만났는데, 이제 곧 현직에서 10년차가 된다는 친구들의 이야기를 듣고 입이 다물어지지 않았다. 나의 경력은 5년도 채 되지 않는 시간에 머물러 있음에 마음 한편이 쓸쓸해지는 순간이었다. 새로운 꿈을 위해 돌아선 건 나의 선택이었지만, 열렬히 애정했던 간호사라는 직업은 나를 자꾸 뒤돌아보게 만들었다. 집으로 돌아가는 길, 곰곰이 생각하다가 나의 새로운 꿈은 10년 전부터 꾸준하게 하고 있는 '일기'에서 시작되었다는 걸 깨달았다. 대단한 일이라고 생각하지 않았고, 늘 하는 자연스러운 일이어서 잠시 잊고 있었다.

    시시콜콜한 하루의 일들을 블로그에 기록한 지 올해로 10년차가 되었다. 처음에 블로그를 시작할 때는 무슨 이야기를 해야 할지, 어떻게 해야

하는지 쉽사리 감이 잡히지 않았다. 10년 전 나의 첫 글은 친구들과 곱창을 먹은 이야기였는데, 사진은 단 두 장, 글은 채 10줄도 되지 않았다. 지금 보니 억지로 쓴 것 같기도 하고 대충 쓴 것 같기도 하지만, 그 시작이 있었기 때문에 지금이 있는 건 분명한 일이다. 그 후로 열흘 뒤에, 그다음은 몇 달 뒤에 쓰기도 했을 정도로 자주 쓰지는 못했지만, 줄곧 한 공간에 나의 이야기를 썼다. 이렇게 하는 게 맞나 싶었던 나의 이야기에 특별한 일이 생긴 건 블로그를 시작하고 4년이 지난 후였다.

 2015년 처음 남해 여행을 다녀오고 남해 여행 이야기를 블로그에 기록했다. 오늘은 무얼 했고, 무얼 보았고, 무얼 먹었고, 무슨 생각을 했는지, 시시콜콜한 이야기가 담긴 글이었다. 누가 보기를 바랐다기보다 오롯이 내가 기억하기 위한 여행기록이었다. 그 여행을 마치고 2년 뒤 다시 남해를 찾았을 때 같은 숙소를 방문했는데, 숙소 사장님이 "혹시 예전에 온 적

있지 않아요?" 하면서 나를 알아보시는 게 아닌가. 숙소 앞 수국과 함께 찍었던 나의 사진을 기억하고 계셨다. 그 당시에는 남해로 여행을 오는 사람들이 많지 않았는데, 나의 용감한 남해 여행 이야기를 본 사람들이 남해로, 이 숙소로 찾아오게 되면서 나의 글을 인상 깊게 보고 계셨다고 했다. 나도 모르는 사이에 누군가 나를 기억하고 있다는 사실이 얼떨떨하기도 했지만, 이 신기한 경험은 나의 입꼬리를 자꾸 실룩거리게 만들었다.

이 짜릿한 경험 덕분에 나의 지난 시간을 누군가와 함께 공유한다는 게 이토록 즐겁고 값진 일이라는 것을 알게 되었다. 먼 거리를 이어주고, 긴 시간을 연결해주는 나의 기록이 누군가에게는 용기를 주기도 하고 공감이 되기도 했다. 나 또한 과거의 나를 통해 위로받기도 했다. 그 매력 때문에 10년차가 된 지금도 여전히 다양한 방법으로 나와 나의 주변을 기록하고 있다. 앞으로 10년, 20년, 30년 뒤의 나를 위해 기록하는 일을 멈추지 않을 생각이다. 어설프게 시작한 엉성한 일기가 시작이었지만, 그 일기가 있어서 얼마나 다행이었나 싶다. 그 시작이 없었더라면 기록하지 못한 많은 날들은 그저 어렴풋한 기억 어딘가에 부유하고 있을 테니까.

책장에 꽂힌 책들이 나를 말해주고

우연히 들른 카페였다. 테이블이 많지 않은 작은 공간의 카페였는데, 크지 않아도 정감 가는 공간이 마음에 들었다. 곳곳에 놓인 식물과 테이블마다 놓인 사진을 보고 이미 공간의 색이 느껴지고 있었는데, 책장에 꽂힌 책들을 살펴보니 어렴풋이 가늠하고 있던 카페의 취향을 적중했다는 생각이 들었다.

집으로 돌아와 내 책장에 꽂힌 책들을 천천히 살펴보았다. 나는 어떤 색을 가진 사람일까 생각하면서. 책장에 꽂힌 여행, 마음, 일상과 관련된 책들이 내 취향의 고집스러움을 그대로 보여주는 듯했다. 여행을 떠날 때도 그랬다. 이제는 높은 건물보다는 높은 산이 있는 곳으로, 사람이 많은 곳보다는 자연이 펼쳐진 곳으로, 럭셔리한 최신식 호텔보다는 세월의 흔적이 묻어있는 소담한 민박으로 말이다. 책장에 꽂힌 책들이 나를 말해주는 것처럼 내가 자주 가는 곳들이 나를 말해주는 듯했다.

가끔 친구에게 이런 연락을 받곤 한다.

"네가 남해를 왜 자주 가는지 알 것 같아."

남해 여행을 다녀온 친구의 연락 한 통으로 심심하던 마음이 벅차오른다. 남해를 찾아갈 때마다 푸른 남해의 풍경을 보고 평온해지던 마음을 친구도 느꼈던 걸까. 그렇다면 친구가 바라본 남해의 모습처럼, 나도 너에게 그런 사람이었으면 좋겠다. 내가 자주 가는 곳들이 나를 말해주는 것처럼, 나는 남해 같은 사람이 되고 싶다.

습관처럼 물회 한 그릇

남해에 오면 꼭 하게 되는 나만의 공식이 있다. 꼭 먹어야 하는 음식이 있는데, 그건 바로 물회다. 물회라는 음식을 좋아하는 것도 아니고 즐겨 먹는 것도 아닌데, 이상하게 남해만 오면 마음속 어딘가에서 이런 목소리가 들린다.

'아, 물회 먹고 싶다!'

혼자 남해를 온 날이었다. 저녁 시간이 살짝 지나갈 무렵, 갑자기 물회가 먹고 싶었다. 숙소에서 가장 가까운 물회집에 전화를 해보니, 주문은 2인분부터 가능하고 포장을 해도 1인분은 안 된다고 했다. 혼자 여행을 왔다는 사실이 가장 서러운 순간이었다. 먹고 싶었지만 어쩔 수 없이 오늘 저녁은 숙소에서 대충 해결해야 하나 싶었다. 그때 마침 숙소 정리를 하

고 계시던 사장님이 보였다.

"사장님, 혹시 저녁 드셨어요? 안 드셨으면 혹시 물회 같이 드실래요?"

마침 사장님의 남편분도 안 계시는 상황이라 저녁을 혼자 먹을 생각이었는데, 좋다며 흔쾌히 대답하셨다. 바로 아까 전화했던 물회집에 전화를 했더니, 그 사이에 벌써 주문 마감. 아는 곳이라고는 숙소에서 편도로 40분이 걸리는 물회집 뿐이었다. 오래 걸릴 것 같아 잠시 망설여지긴 했지만, 이미 나의 머릿속에는 물회 생각뿐이었다. 더 고민했다가는 이 집마저도 마감이 될 수 있을 것 같아 미리 전화 주문을 하고 서둘러 독일마을 근처에 있는 물회집으로 향했다. 그렇게 왕복 1시간 30분을 달려 물회를 사 왔다.

"사장님, 물회 드세요!"

빨간 국물에 동동 띄워진 살얼음, 아삭아삭한 야채와 쫄깃하면서 매콤

한 물회를 한 입 떠먹으니 1시간 30분을 달린 수고로움이 씻겨 내려가는 기분이다. 40분을 달려오는 동안 면사리는 다 엉키고 붙어서 떡이 되었지만, 그래도 이렇게 맛있을 수가! 마침 주방에서 조심스럽게 꺼내 온 옆동네 이웃이 직접 담그셨다는 달큰하고 진득한 수제막걸리도 한 잔. 찬바람이 불던 11월에 시원하다 못해 이가 시릴 정도로 차가운 물회를 먹고 있으니 두꺼운 후드티를 타고 냉기가 느껴진다. 그 후로 종종 물회를 사 들고 사장님을 찾아간다. 함께 먹는 물회는 그날의 우리를 떠올리게 한다.

"우리 그때는 오돌오돌 떨면서 먹었는데, 역시 물회는 여름에 먹어야 최고네요!"

매번 먹는 물회가 뭐가 그렇게 맛있냐고 물으면 이제는 대답할 수 있을 것 같다. 물회는 맛도 맛이지만 나눠 먹는 맛이라고.

작가가 추천하는 물회집 세 곳

 남해전복물회

경남 남해군 이동면 남해대로 2436
11:00 – 20:00, 매주 월요일 휴무

추천하는 세 곳의 물회집 중에서 접근성이 가장 좋아 자주 찾아가는 곳이에요. 매장에서 먹어본 적은 없고 항상 포장을 해서 숙소에서 먹곤 하는데, 푸짐한 물회 맛도 일품이지만 함께 주시는 미역국 맛이 정말 끝내줘요. 한 입 떠먹으면 "국물이- 끝내줘요-!"라고 절로 말하게 되지요. 맑은 미역국에서 깊은 바다의 시원한 맛이 난다니 정말 놀라워요. 차가운 물회와 뜨거운 미역국을 함께 먹는 조합은 단짠단짠이 부럽지 않은 최고의 조합이에요.

신부산횟집

경남 하동군 금남면 노량해안길 2

남해대교를 건너기 직전에 있어 위치는 하동군이라고 할 수 있지만, 남해와 매우 인접해요. 이 집은 살얼음 물회가 특징이에요. 자극적이지도 않고 담백한 살얼음 물회를 먹으러 하동은 물론 남해에서도 많은 사람이 이곳을 찾아요. 남해의 끝 쪽에 위치하다 보니 이 근처에 볼일이 있으면 꼭 들러서 먹게 되는 곳이에요. 물회뿐만 아니라 밑반찬에서도 이곳이 진정한 맛집이라는 걸 느낄 수 있어요.

🪧 물회명가

경남 남해군 삼동면 동부대로 1053
11:00 - 19:00, 매주 수요일 휴무

독일마을 아래에 위치한 물회명가는 오랜 시간 동안 사랑받아온 남해의 물회집
이에요. 양푼 그릇에 푸짐하게 나오는 물회가 일품이에요. 단일 메뉴로 승부하는
물회 자존심이야말로 오랜 시간 동안 이곳을 지켜온 비밀이 아닐까요.

편의점. 그것은 남해 최고의 자랑거리

무지개마을에 있는 친구네 집은 종종 남해 사람들과 함께 저녁을 먹는 작은 아지트가 되곤 한다. 약속한 시간이 되자 한 팀, 두 팀 모이기 시작했고, 각자 챙겨온 음식들로 금세 근사한 저녁상이 차려졌다. 배달 음식은 꿈도 꾸지 못하는 이곳에서 누군가 읍내에서 피자라도 사 오는 날에는 작은 파티가 열리기도 했다. 나를 제외하고는 모두 남해에 살고 있는 사람들이기 때문에, 나는 마치 교환학생으로 와서 외국 가족들과 저녁식사를 하는 것 같은 기분이 들곤 했다. 사람 사는 일이 다 똑같은 것 같이 느껴지다가도, 저녁식사 한 번으로도 조금은 다른 일상을 살고 있다는 걸 알 수 있다는 점에서 특히나 그랬다.

"나 이번에 큰맘 먹고 새 걸로 바꿨어."

평소에 말수가 적은 게스트하우스 사장님이 반짝이는 눈으로 자랑스럽게 말을 꺼냈다. 게임을 좋아하시는 사장님이 새로운 전자 제품을 사셨을 거라고 생각했는데, 나의 예상이 빗나갔다.

"나 이번에 큰맘 먹고 최신형 제초기로 바꿨어!"

사장님은 이제 최신형 제초기로 쉽고 편하게 잡초 제거를 할 수 있다며 행복해했다. 최신형 전자 제품도 아닌 최신형 제초기를 사고 자랑하는 사람은 처음 보았기 때문에 처음에는 내 귀를 의심했다.

"우린 차 타고 10분 거리에 편의점이 생겼어!"

제초기에 버금가는 자랑거리가 있다며 이곳 아지트의 주인이 말을 꺼냈다.

"이제 더 이상 왕복 30분이나 걸리는 편의점이 아니라서 너무 좋아! 너무 좋아서 맨날 갈지도 몰라."

그 말에 진심이 느껴져서 웃음이 터졌다. 남해에서는 편의점이 집에서 차로 10분 거리에 있다는 게 자랑거리가 된다니! 그게 자랑거리냐며 한바탕 웃었지만, 나도 속으로는 어디에 생겼는지 궁금하기도 했다. 이 마을로 자주 놀러 왔던 나는 한 번 편의점을 가는 일이 생각보다 오래 걸리고 번거로운 일임을 알고 있었기 때문이다.

"차 타고 10분 거리? 우리 집은 걸어서 5분 거리에 편의점이 있어."

남해읍에 사는 분이 으스대며 말했다. 그 말을 들은 사람들은 이보다 더 나은 자랑거리는 없다며 반박하지 못했고, 역시 집 앞에 편의점이 있는 게 최고라며 모두의 부러움을 샀다. 자랑거리를 뽐내는 일이 이렇게 귀엽고 소박할 수 있나 싶다. 엎어지면 코 닿을 거리에 편의점이 있고, 택배도 배달음식도 집 앞까지 단숨에 배달되는 도심보다, 불편해도 천천히 흘러가는 것 같은 이 동네가 참 정겹다. 욕심이겠지만, 당연한 듯 당연하지 않은 예측을 빗나가는 이런 자랑거리가 우리의 저녁상에 자주 올라왔으면 하는 바람이다.

욕심을 덜어내면 보이는 풍경

남해라는 곳을 한 번도 가보지 못한 사람들에게, 남해에 살고 있는 사람들에게, 한 장의 사진에 담긴 남해를 보여주는 건 혼자 간직한 보물 상자를 풀어 보여주는 것처럼 기분 좋은 일이었다. 언제부터인가 칭찬에 보답하고 싶은 마음은 한 장의 사진에 많은 걸 보여주고 싶은 욕심으로 바뀌기 시작했다. 누군가를 있는 그대로 받아들이는 게 쉽지 않은 것처럼, 욕심이 생기면 어떤 장소를 바라볼 때도 같은 마음이다. 이 길에는 전봇대가 없으면 좋겠는데, 표지판은 없었으면 좋겠는데, 도로가 조금 더 넓었더라면, 꽃을 더 예쁘게 심어놓았다면 좋았을 텐데. 분명히 예쁜 부분이 있음에도 불구하고, 내 시선은 자꾸 아쉬운 부분들을 찾아내기 시작했다.

어느 날, 매번 지나치던 길에 차를 세웠다. 지나칠 때마다 시선을 빼앗

곤 했던 그 풍경을 오늘은 사진으로 담아두고 싶었다. 사진 속에 바다 앞
으로 정갈하게 정돈된 계단식 논, 논의 가운데를 가로지르는 바다로 시원
하게 뻗은 길, 바다에 크고 작은 섬들과 쏟아지는 햇살에 쉴 새 없이 반짝
이는 바다가 담겼다. 때마침 지나가는 트럭 한 대까지. 내가 생각하는 남
해가 한 장에 담긴 듯했다. 집에 돌아와 담아온 사진을 다시 보니 길을 따
라 세워진 전봇대가 아쉽게 느껴진다. 그렇게 한 장, 두 장, 여러 장 아쉬
운 사진들이 쌓이고 나니 어느 순간 내가 남해를 있는 그대로 보지 않고
있다는 걸 알았다. 친절하게 정돈된 남해의 모습보다 무심하고 자연스러
운 남해가 좋다고 말하던 내 모습이 스쳐 지나갔다. 완벽한 한 장을 위해
놓친 많은 장면들을 떠올려보니 머리를 한 대 맞은 기분이었다. 완벽한

한 장을 만드는 건 그 풍경을 바라보는 사람의 시선에 달려있다는 걸 놓치고 있었다. 마음속에서 자라고 있던 욕심이 내 시야를 좁히고 있었다는 걸 나중에서야 깨닫게 되었다.

"남해에서 가장 좋아하는 장소가 어디예요?"

누군가 묻는다면 내 대답은 언제나 이 장소를 담은 미국마을 앞 풍경이라고 말한다. 길을 따라 늘어선 전봇대도, 길 위에 놓인 비료 포대들도 남해의 흔적이라고 생각하니 아쉽게만 느껴지지 않는다. 애초에 완벽한 한 장의 사진이 꼭 필요한 것인지를 반문하게 되었다. 이 장소가 나에게 보여주는 건 남해의 풍경뿐만 아니라 욕심내지 않고 사랑하는 것들을 바라볼 줄 아는 마음이었다.

적정한 온도가 필요해

따사로운 아침 햇살이 들어오고 있었다. 더 자고 싶은 마음과 눈꺼풀을 들어 올리려는 햇살이 줄다리기를 했다. 지지 않으려고 머리끝까지 이불을 올리고 더 잠을 청해보려고 했지만, 1층 주방에서 분주한 소리가 들렸다. 사람들의 목소리와 함께 맛있는 냄새가 복도를 타고 코끝까지 와서 아른거렸다. 잠은 이만 자야겠다 싶어 씻으러 갈까 하다가 혹시나 식사 시간을 방해할 것 같아 조금 더 누워있기로 했다. 그때, 휴대폰이 울렸다.

'우동 먹을 건데 내려와요.'

숙소 사장님께서 보내신 문자 메시지였다. 감사한 제안이었지만 새로운 사람을 만나는 것도, 대화를 하는 것도 오늘은 내키지 않는 일이었다.

'저는 괜찮아요, 먼저 드세요.'라고 적었는데, 깊고 짭조름한 간장 국물

이 온 머릿속을 헤엄친다. '금방 내려갈게요.'라고 고쳐 쓰고 대충 옷을 걸치고 1층으로 내려갔다. 사장님 두 분과 다른 부부 여행객이 도란도란 앉아 식사를 하고 계셨다.

"얼른 앉아서 먹어요."

내 예상과 달리 우리는 모두 우동 맛에 취해 별다른 대화도 없이 그릇을 비웠다. 식사를 마친 뒤에는 자기 그릇을 스스로 정리한 뒤 함께 따뜻한 커피를 내려 마셨다.

"날도 좋은데 테라스에 가서 먹을까?"

따뜻한 커피를 한 잔씩 손에 들고 테라스로 나갔다. 11월이 거의 끝나갈 무렵. 풍경은 푸르고 바람은 찬데 햇살은 따뜻하다. 아무것도 아닌 말에 호탕하게 웃는 사장님의 목소리에 나도 모르게 마음이 풀어진다. 그 웃음소리가 날이 서 있던 마음을 동그랗고 무뎌지게 만든다.

가끔은 사람들을 만나고 대화하는 일조차 버거운 날이 있다. 하지만 결국 다시 털고 일어나게 만들어주는 건 사람이라는 걸 느끼는 순간이다. 특별히 나에게 무언가를 하지 않았어도 그저 옆에 있어 주는 것만으로도 마음이 온화해진다. 같이 아침 먹기를 잘했다. 아침을 먹자는 사장님의 제안을 거절하고 혼자 침대에 누워있었을 나를 생각하니 얼마나 외로운 하루의 시작이었겠냐 싶다. 깊고 구수한 우동 국물에게 이기지 못한 척했지만, 어쩌면 나에게 필요한 건 적정한 온도를 나눌 수 있는 누군가였던 것 같다.

안녕, 흑염소 친구들

종종 차를 타고 남해 이곳저곳을 달리다 보면 길 어귀에서 남해의 푸른 풍경과 대비되는 까만 흑염소를 만나게 된다. 하도 까매서 눈밖에 보이지 않을 정도이지만, 툭 튀어나온 작은 입과 매에에엠~ 울음소리를 들으면 웃기고 귀여운 생명체라는 생각이 든다. 남해에서 생각보다 자주 흑염소를 볼 수 있는 걸 보니 이곳에는 흑염소들이 많이 살고 있나 싶다. 제법 가파른 언덕 위에서 긴 목줄을 하고는 남해 바다의 풍경 속을 유유자적 걸어 다니는 까만 생명체가 있어 이 풍경이 더 정답게 와 닿는다.

그들에게 '흑염소 친구들'이라는 애칭을 붙이고 풍경 안에 숨은 친구들을 찾아낼 때마다 "안녕!" "또 안녕!" 하고 아는 체를 한다. 아침이 되면 그 자리에 있다가 저녁이 되면 집으로 돌아가고, 어떤 날은 있다가 없다가 하다 보니 혹시 혼자 줄을 묶었다 풀었다 하며 집으로 왔다 갔다 하는 건 아닌가 하는 상상도 한다.

갑자기 비가 오는 날에는 흑염소 친구들이 비를 쫄딱 맞지는 않을까 걱정이 앞선다. 다시 그 자리를 지나가다 보면 신기하게도 이미 흑염소 친구들은 집으로 돌아간 후다. 그리고 다음 날이 되면 나의 걱정과 달리 무슨 일이 있었냐는 듯 신나게 풀을 뜯고 있는 흑염소 친구들을 볼 수 있다. '오늘 흑염소 친구들은 안녕한가?' 지나가는 길에 까만 친구들이 있던 그 길을 다시 한 번 바라보게 된다. 내가 사랑하는 남해의 풍경 안에는 까만 흑염소 친구들이 있다.

쓸쓸하던 풍경 위로 곱고 다정한 꽃들이 쌓인다.

남해의 가파른 산 틈을 따라 남해의 봄에 꽃이 피어나면

내 마음이 그곳에 가서 랄랄라 춤을 춘다.

사과 맛 시금치

숙소 앞에서 예고 없이 고기 파티가 열렸다. 슬쩍 숟가락 하나를 얹어 본다. 마당에서 폴폴 풍기는 고기 냄새에 잠자고 있던 고양이들도 와서는 기웃기웃 어슬렁거린다. 오랜만에 보는 사장님의 열정적인 모습이 고기 앞에서 다시금 나타난다. 한쪽에서는 수저와 그릇을 옮기고, 한쪽에서는 큰 보따리 안에서 보물처럼 꺼낸 보드카로 맛있는 핑크색 칵테일을 만든다. 짠— 고기를 먹기도 전에 예쁜 색에 이끌려 잔을 부딪치고 한 모금 꿀꺽 마신다. 캬, 너무 맛있어서 또 까먹을 레시피를 물어본다. 달달하고 구수한 들기름 향과 함께 지글지글 끓는 김치찌개가 나온다. 한 입 먹어보니 걸쭉한 국물에 반해 의지와 상관없이 몸이 덩실덩실 춤을 춘다. 그 타이밍에 잘 익은 고기가 등장하고 한쪽에 예쁘게 차려놓은 야채 하나를 골

라 한 쌈 싸 먹을 준비를 한다. 익숙하게 상추를 집었는데, 사장님이 나의 상추 위에 시금치를 툭 얹는다.

"지금 풋시금치가 얼마나 맛있는데 같이 먹어야지! 해풍 맞은 시금치가 무슨 맛이 나는 줄 알아?"

"무슨 맛이 나는데요?"

"사과 맛."

"에이, 말도 안 돼요."

상추 대신 시금치, 고기 한 점, 마늘 한 톨, 쌈장까지 더해서 한입에 넣는다. 최고의 조합이었다. 야채 틈에서 찾은 시금치를 하나 집어 들어 다시 한 번 토끼처럼 야금야금 씹어본다. 반신반의하면서 먹어본 풋시금치 줄기에서 정말 씹을수록 아삭한 사과 맛이 난다. 원래 시금치가 그냥 먹어도 이렇게 맛있는 채소였나 싶다. 집에 갈 때 한 박스 챙겨가고 싶다. 친구들과 고기 파티가 열리는 날에 나만의 비법인 양 남해 시금치와 고기의 조합을 자신 있게 알려주고 싶다.

"얘들아, 고기 먹을 때는 사과 맛 나는 시금치랑 같이 먹어야 해!"

친구의 쌈 위로 툭, 시금치를 올려 주면서 이 맛을 함께 즐기고 싶다.

공포의 별 사냥

여름이 되면 한낮의 눅눅한 공기는 내려앉고 밤공기가 시원해진다. 그냥 보내기 아쉬워 잠들기 전 숙소 밖으로 나와 하늘을 올려다보며 여름밤의 낭만을 누린다. 하늘에는 구름 한 점 없고 달도 밝지 않으니 수놓아진 별 카펫이 더욱 선명하게 보인다. 별 사진을 찍기 제격인 밤이다.

다음날 카메라와 삼각대를 들쳐 메고 별 사진을 찍겠다고 숙소 밖을 나갔다. 혼자라도 찍어보겠다며 집 밖을 나서긴 했지만, 멀리까지 갈 용기는 나지 않았다. 숙소와 가까운 곳을 찾다가 어느 언덕에 차를 세웠다. 꽤 넓은 언덕이었는데, 면발치조차 보이지 않는 칠흑 같은 어둠에 싸인 곳이었다. 별 사진을 찍으러 다니면서 이런 어둠은 한두 번 경험해본 게 아니었기 때문에 용기 있게 자동차 라이트를 켜고 집중해서 별 사진 촬영

을 위한 세팅을 시작했다. 집중하다 보니 생각보다 어둠에 금방 익숙해지기 시작했고, 밤하늘의 별을 보고 있으니 두려움도 사라진 듯했다. 한 장, 두 장, 고요한 밤에 자동차 소리, 풀벌레 소리, 셔터 소리만 울릴 뿐 다른 소리는 하나도 들리지 않았다. 무심코 둘러본 까만 언덕 너머를 바라보니 갑자기 등골이 오싹해지기 시작했다. 그 순간, 며칠 전 친구에게 들었던 '남해의 어떤 폐가 앞을 지나는 사람들마다 귀신을 본다더라.'라는 말이 불현듯 머리를 스쳤다. 갑자기 어둠을 등에 업은 듯 온몸에 닭살이 돋기 시작했다.

삼각대를 미처 접지도 못하고 뒷좌석에 대충 욱여넣고 숙소를 향해 달렸다. 가로등이 없는 도로가 이렇게 야속할 수가 없었다. 아무런 불빛이라도 나타나기를 바라며 달리고 있던 그때 갑자기 뒷좌석 창문이 스르르 열리는 것이 아닌가! 귀를 의심했지만, 바람이 차 안으로 들어오는 걸 보니 분명히 창문이 열린 게 확실했다. 버튼을 잘못 눌렀나 싶어 창문이 닫히는 버튼을 아무리 눌러보았지만, 창문은 꿈쩍도 하지 않았다. 내가 촬영하는 사이 어둠을 틈타 누군가 몰래 내 차에 탄 걸까? 정말 미칠 노릇이었다. 갑자기 싸늘한 겨울을 맞은 듯 온몸이 차가워지기 시작했다. 차마 백미러로 뒷좌석을 볼 용기도 나지 않았다. 왠지 누군가와 눈이 마주칠 것만 같아 백미러로 가려고 하는 시선을 애써 잡아 앞만 보고 달렸다.

얼마나 달렸을까. 드디어 마을 불빛을 마주했다. 불빛 아래에 차를 세우고 총알처럼 차 밖으로 튀어 나갔다. 차를 버리고 도망치고 싶었지만, 그래도 뒷좌석은 확인해봐야 했다. 호흡을 가다듬고 뒤를 돌아보니 이상한 건지 다행인 건지 뒷좌석에는 아무도 없었다. 사라진 건 아닐까, 의심스러운 마음으로 뒷좌석을 살펴보는데, 그 순간 황당한 장면을 목격하게 되었다. 카메라와 삼각대를 연결하는 어댑터 부분이 절묘하게 창문 버튼을 누르고 있었던 것이다. 평소에 가벼운 삼각대를 쓰다가 흔들림과 카메라 안정성을 생각해서 무게가 있는 삼각대로 바꾼 게 차마 몇 달 전 일이었다.

툭 튀어나온 어댑터의 레버 부분이 육중하게 창문 버튼을 누르고 있을 줄이야. 상상조차 하지 못할 일이었다. 별 사진 찍으러 나왔다가 귀신에 홀리는 줄 알고 십년감수를 했다. 안도감이 들기는 했지만, 한번 놀란 마음은 쉽게 진정되지 않았다. 숙소로 돌아가는 길, 여전히 백미러에는 눈길을 주지 못했고, 불이 켜진 친구네 집에 들러 친구들을 붙잡아두고 이야기를 털어놓았다. 혼자 펄쩍 뛰면서 이야기를 하고 나니 그제야 마음이 진정되는 것 같았다. 결국, 그날 찍지 못한 별 사진은 그 친구들과 함께 옥상에 올라가 몇 장의 사진을 남기는 걸로 만족해야 했다.

작가가 알려주는 별 사진 잘 찍는 팁

별 사진 찍기 좋은 날로는 구름이 없고, 바람이 불지 않는 날, 달이 밝지 않은 날이 적합하다. 달이 밝으면 상대적으로 별이 잘 보이지 않기 때문이다. 달이 뜨고 지는 시간을 고려해서 시간을 정하는 것이 좋다. 눈으로 보았을 때도 별이 잘 보이는 곳으로 가야 해서 보통은 마을의 불빛과 같은 광해가 적은 곳이 적합하다. 지대가 낮은 곳은 주변에 하늘을 가리는 나무나 산이 많아 지대가 높은 곳을, 고화질의 선명한 사진을 담고 싶다면 삼각대를 필수로 챙기는 것을 추천한다. 그리고 촬영 후에는 삼각대를 잘 접어두어야 삼각대가 창문을 여는 불상사를 막을 수 있다.

준비물 : 휴대폰 혹은 수동모드로 세팅이 가능한 카메라, 삼각대

휴대폰으로 담아보기

- 야경모드 이용하기 : 최근 휴대폰 기능이 좋아진 덕분에 카메라가 없이 휴대폰으로도 간단한 야경사진과 별사진을 담을 수 있다. 휴대폰에 따라 다르지만, 야간모드로 최대 10초 동안 촬영이 가능하다. 삼각대를 이용하는 것이 좋고 삼각대가 없다면 카메라를 바닥이나 다른 사물에 고정하여 촬영하는 것이 좋다. 많이 어둡지 않을 경우에는 손으로 들고 촬영해도 꽤 괜찮은 사진을 담을 수 있다.
- 구도 활용하기 : 하늘의 별만 담기보다 한쪽에 건물이나 나무를 함께 담아 공간의 느낌을 살려 촬영해보자.

📷 카메라로 담아보기

- 카메라 세팅을 수동모드, 수동 초점으로 맞춘다. 화이트밸런스는 K(캘빈값) 를 3,000~3,800K 정도로 낮춰서 촬영하는 게 좋다. 푸른 하늘일수록 별빛 이 더 선명하게 보인다.
- 수동 초점(MF)으로 멀리 보이는 별 하나에 초점이 맞도록 세팅한다. 초점을 최대 원거리로 가져다 놓고 조금씩 근거리로 스크롤을 돌리면서 별의 초점 이 가장 선명하다고 생각하는 곳에 맞춘다.
- 조리개는 가장 밝은 값으로 세팅한다. 야경사진을 찍을 때에는 조리개를 F10 이상으로 조여서 빛이 갈라지는 효과를 주기도 하는데, 별 사진을 찍을 때에는 빛 갈라짐을 사진으로 확인하기 힘들기 때문에 렌즈에 따라 조리개 를 F1.4 – 2.8 정도로 가장 밝게 세팅하는 게 좋다. 빛이 뭉개지면서 별이 더 커 보이는 효과를 준다.
- 감도는 100부터 시작해서 셔터스피드의 속도를 맞춘다. 이때 감도를 처음 부터 너무 높게 설정할 경우 밝게 찍을 수는 있지만 노이즈가 많아진다는 걸 고려해야 하고, 셔터스피드를 처음부터 높게 설정할 경우 밝게 찍을 수는 있 지만, 사진이 흔들릴 가능성이 높아지는 걸 고려해서 적절한 값을 찾아야 한 다. 나의 경우, 장소에 따라 감도는 100 – 1600 사이에서 맞추고 셔터스피 드는 최대 10–15초 이내로 세팅한다.
- 장소와 날씨마다 카메라가 빛을 받아들이는 환경이 다르기 때문에, 별 사진 을 찍기 위한 고정된 값은 없다. 현장에서 조절하면서 촬영하면 된다.
- 셔터 버튼을 누른 뒤 몇 초 뒤에 찍히게 하는 타이머 설정을 해놓으면, 카메 라의 움직임을 최소화할 수 있다.

- 크로스필터를 사용하면 위의 사진처럼 빛이 길게 갈라지는 재밌는 효과를 줄 수도 있다.

📷 카메라로 별과 사람을 함께 담아보기

- 세팅은 별 사진 찍을 때처럼 한다.
- 수동 초점(MF)으로 인물에게 초점을 맞춘다. 이때 사람의 얼굴에 초점을 맞추는 게 좋다. (자동 초점의 경우 어두운 환경에서는 초점을 잘 못 잡기도 하고 초점이 잘 안 맞는 경우가 많아서 수동 초점을 선호한다.)
- 조리개도 동일하게 밝은 값으로 세팅한다. 인물에 초점이 맞으면서 멀리 보이는 별이 보케화되어 실제보다 크게 사진에 담기게 된다.
- 감도와 셔터스피드 세팅도 별 사진 세팅과 동일하다. 하지만 여기에서 미세하게 움직이는 별이 아닌 사람에게 초점을 맞춰야 하기 때문에, 셔터스피드 속도를 너무 느리게 설정할 경우 사람의 미세한 움직임으로 초점이 맞지 않을 수 있다. 수용할 수 있는 감도의 적정치를 놓고 셔터스피드는 최대한 빠르게 촬영하는 것이 초점이 흐트러지는 걸 최대한 방지할 수 있다.
- 타이머 설정으로 셔터를 누른 뒤 몇 초 후에 찍히게 설정함으로써 카메라의 움직임을 최소화한다.

돌고 돌아 다시 남해

11월의 마지막 주 가을이었다. 진주에서 예정된 촬영을 마치고 그냥 서울로 돌아가기는 아쉬워 남해에서 며칠 쉬기로 했다. 가을의 마지막 촬영을 진주에서 하게 된 게 너무도 다행이라고 생각했다. 촬영이 끝났다고 해서 모든 게 끝난 건 아니지만, 정신적으로 체력적으로 지친 심신을 남해에서 풀 수 있을 것 같았다. 며칠 동안의 바쁜 촬영 속에서도 이 일정의 끝은 남해로 간다는 생각이 있어 그 사실만으로도 마음의 위로가 됐다.

남해로 향하는 길. 워낙 자주 왔던 길이기 때문에 새로울 건 하나도 없었지만, 오랜만에 일이 아닌 쉼을 위한 여행이라는 생각에 새롭지 않은 풍경도 눈이 아닌 마음에 와서 닿았다. 허기진 배를 달래기 위해 터미널 근처 시장의 자주 가는 전복죽 집으로 향했다. 항상 그대로인 정겨운 전

복죽 집에서 든든하게 배를 채운 뒤, 이제는 우리 집처럼 느껴지는 게스트하우스 다락으로 향했다. 2차선이던 도로가 1차선이 되고, 산으로 가려져 있던 바다의 풍경이 커튼 쳐지듯 서서히 모습을 드러내기 시작하면, 액셀을 밟고 있던 내 발에 힘이 풀리고 느리게 바다와 나란히 달리게 된다.

바다는 가까이에서 보면 철썩철썩 바쁜 파도를 만드는 모습이 가끔 무섭기도 하지만, 높은 언덕 위에서 내려다보면 그저 크고 잔잔한 호수처럼 보인다. 수평선을 채우는 섬들이 있어 더욱 그렇게 보이기도 한다. 내 안에서 정신없이 요동치던 마음들이 호수 같은 바다를 따라 동화된다. 닿지 않을 거리에 있지만, 마음이 먼저 그곳에 가 눕는다. 창문을 열고 있으니 바람이 나를 통과하며 모든 것을 환기시키고, 이내 나는 가벼워진다. 마을은 아무도 없는 것처럼 조용하고, 살아 움직이는 건 바람과 바다, 나뿐인 것 같아 차창에 팔꿈치를 기대어 모든 풍경이 내 것인 것 같은 사치를 만끽한다.

　일상에 지쳐 껍데기만 남아있던 마음이 풍족해진다. 호수 같은 바다를 뒤로하고 다랭이논이 수놓아진 언덕을 넘고 나면, 그 끝에 나를 남해로 이끌어 준 다락 게스트하우스가 있다. 첫 남해를 왔을 때 찜해둔, 햇살이 가장 잘 들어오는 침대에 짐을 풀고 창 가까이 다가가 산과 산 사이 거꾸로 뒤집힌 세모 모양의 바다가 잘 있는지 확인한다. 처음 남해를 왔을 때의 그 숙소, 그 침대, 그 풍경. 나 빼고는 그대로인 것 같은 헛헛한 마음도 잠시, 삶의 쳇바퀴 속에서 돌고 돌아 결국 다시 남해에 와 있다는 사실에 모든 긴장이 내려앉는다.

복이네 전복죽

경남 남해군 남해읍 화전로 96번 가길 16-1
매일 08:00 - 20:30

우연히 찾아간 곳인데, 그곳이 내가 가장 사랑하는 남해의 맛집이 될 줄이야. 남해터미널과 인접한 남해 시장 안에 '복이네 전복죽' 집이 있다. 혼자 여행을 다니다가 푸짐하고 배부른 식사가 그리워질 때면 항상 찾아가는 곳이다. 전복죽 한 그릇을 먹고 나면 마음까지 든든해진다. 주문이 들어가면 주방에 계신 할머니는 죽을 쑤기 시작하고, 할머니의 손끝에서 만들어진 죽은 할아버지의 손끝으로 건네져 나의 앞으로 놓인다. 담백하고 고소한 전복죽을 만들어주시는 할머니와 정갈하게 반찬을 놓아주시는 할아버지의 인상과 잘 어울리는 푸근한 곳이다. 전복죽 하나를 시켜도 밑반찬이 6개는 족히 나오고, 문어숙회도 함께 나온다. 전복죽과 버금가는 쫄깃한 문어숙회 맛도 일품이다. 가끔 할머니가 파마를 하러 가시는 날에는 자리를 비우게 될 경우도 있으니, 미리 전화를 하고 방문하면 좋다.

작가가 추천하는 서면의 꼭 가볼 곳

🪧 장항해수풀장

경남 남해군 서면 서상리 1162-2

남해 서면에 위치한 장항해수풀장은 남해읍과 인접해있고, 카페와 상점이 모여 있는 곳으로 남해 여행을 계획하는 친구들에게 1순위로 추천하는 곳이다. 이 근처에 숙소가 많아 접근성도 좋다. 방풍림과 몽돌해변 사이 산책로를 걷는 것도, 정면으로 떨어지는 황홀한 일몰 풍경을 감상하기에도 좋다. 한낮에는 인파로 북적이기도 하지만, 상점들이 문을 닫는 시간이 되면 낯설도록 고요한 적막이 흐른다. 그 틈을 타 파도소리에 귀 기울이며 잠시 사색에 빠져본다.

헐스밴드

경남 남해군 서면 남서대로 1517번길 44
11:00 – 18:00(라스트 오더 17:20), 수요일 휴무

장항해변의 대장이 있다면 헐스밴드가 아닐까. 뒤로는 남해의 정갈한 논이 보이고, 앞으로는 방풍림과 바다가 보인다. 카페 앞에 있는 방풍림과 바다까지 이어지는 나무데크는 모두가 사랑하는 포토존이다. 해 질 무렵이 되면 건물에 나무들의 그림자가 드리워진다. 그림자로 수놓아진 헐스밴드가 유독 아름다워지는 순간이다. 자연산 치즈로 만드는 화덕피자를 주문해서 바다를 보며 먹는다. 마무리는 수제 초콜릿이다. 한입 베어 물면 입 안 가득 진한 에스프레소가 퍼진다. 논뷰와 바다뷰가 함께 보이는 이 공간처럼 달콤함과 씁쓸함을 함께 먹는다.

🚏 보통날

경남 남해군 서면 남서대로 1517번길 31
11:00 – 19:30(라스트 오더 19:00), 수요일 휴무

통창 안으로 바다가 가득 차오른다. 반짝이는 윤슬이 파도와 함께 카페 안으로 들어와 인사를 한다. 마치 그림이 걸려있는 듯한 풍경은 시간이 변할 때마다 계속 다른 모습을 보여준다. 장항해수풀장의 일몰이 담기는 시간이 되면, 유독 아름답다. 이 풍경을 보고 나면 보통날이 아닌 특별한 날로 기억된다.

더풀

경남 남해군 서면 남서대로 1517번길 50
11:30 – 16:00, 화요일 휴무

폐수영장을 개조해서 만든 레트로한 감성의 햄버거집이다. 미국 느낌의 수제
버거를 맛보기 위해 많은 사람이 찾아온다. 느긋하게 찾아가면 종종 품절이 되기
때문에, 이곳을 가기 위해 아침부터 서둘러 준비한다. 푸짐한 버거와 오동통한 감
자튀김, 아이스크림까지 먹고 나니 큰 숙제를 끝낸 기분이다. 비가 와야 물이 차
오르는 폐수영장을 배경으로, 반짝이는 바다를 배경으로, 원하는 풍경을 눈앞에
두고 즐기는 햄버거 맛이야말로 남해의 맛이다.

🪧 남해스떼

경남 남해군 서면 남서대로 1517번길 50
11:00 – 15:00, 화요일 휴무

더풀버거와 한 건물을 나누고 있는 남해스떼. 입구를 들어서는데 인도 여행이
떠올랐다. 남해에서 느끼는 인도 감성이라니, 특별하다. 인도 사람들이 손으로 직
접 프린트한 원단과 직수입한 의류와 소품들을 판매하는 인도소품샵이다. 인도
에서 직접 가지고 오셨다는 대문에서 그들이 느껴진다. 그 문을 열면 습한 여름
열기와 함께 어지러운 도로, 귀를 찌르는 시끄러운 릭샤 소리가 들릴 것만 같다.

웰커밍쿠키커피

경남 남해군 서면 남서대로 1782 2동
11:00 – 17:00, 금요일 휴무

남해스포츠파크 앞, 귀여운 표정을 하고 있는 카페가 있다. 북적거리는 장항해
수풀장에서 조금 지나있는 이곳은 시원한 바다뷰는 아니지만, 조용히 커피 한 잔
의 여유를 즐기기에 적합하다. 진한 쑥 마카다미아 쿠키 맛을 잊지 못해 남해에
갈 때마다 이곳을 찾게 된다. 오늘은 다른 맛을 먹어봐야지 다짐해도, 고집스러운
취향은 항상 쑥 마카다미아 쿠키를 주문한다.

스테이 위드 북

경남 남해군 서면 남서대로 1673
11:30 – 17:00, 수/목요일 휴무

　언제든 꺼내 읽을 수 있는 책 한 권을 여행 내내 가지고 다니는 건, 여행의 부적과도 같다. 만약 깜빡하고 책을 챙기지 못했다면, 서면의 작은 서점으로 향하자. 잔뜩 쌓인 책과 작은 소품들을 함께 구경할 수 있다. 한쪽에 마련된 공간에서 마실 것과 읽을 것을 함께 즐길 수 있다.

개구리 우는 계절

5월의 남해를 좋아한다. 5월이라는 계절도 좋지만, 남해에서 보내는 5월은 유독 남해를 더 좋아하게 만든다. 모내기철이 되면서 논에는 물이 가득 채워진다. 가득 채워진 물 위로 햇살이 내려앉아 반짝이거나 바람 한 점 불지 않는 날에는 하늘이 그대로 논 안에 그려진다. 각기 다른 모양으로 재단된 논 안으로는 남해의 하늘이 여럿 담긴다. 밤에는 창문을 열어 남해의 바람을 그대로 맞는다. 창문을 열고 드라이브를 하다 보면 바람을 타고 온 개구리 울음소리가 차 안 가득 울린다.

"개굴개굴 개구리 목청도 좋다 - "

노래가 자연스럽게 입 밖으로 흘러나온다. 논과 가까이 사는 친구 집은 문을 닫으면 개궁개궁개궁 개구리 울음소리가 아득하게 들리다가, 현

관문을 열면 깨굴깨굴깨굴 목소리가 선명해진다. 누구를 위한 공연인지는 모르겠지만, 5월이면 집 밖에는 개구리 합창 공연이 한창이다. 잠들기 전 침대에 누워있으면 개굴개굴 개구리 울음소리가 아득하게 방 안을 울린다. 잠이 올 것 같지 않았던 밤도 개구리 우는 소리를 들으면 잠이 스르르 찾아온다. 그렇게 5월에만 들리는 개구리 자장가가 있어 좋은 밤, 꿈꾸기 좋은 달이다.

남해에서 제일 좋아하는 곳이 어디냐고?

"남해에서 제일 좋아하는 곳이 어디야?"

사람들이 나에게 묻곤 해. 어느 계절이 가장 예쁘고 또 어떤 장소가 가장 예쁜지. 그냥 아무 생각 없이 툭 대답할 수도 있는데, 남해에 진심인 나는 그때마다 심한 고뇌에 빠지곤 해. 나에게는 정말 어려운 질문이거든. 엄마랑 아빠 중에 누가 더 좋아? 보다 더 어려운 질문이지. 하나만 고르기 너무 어려워서 차라리 다 말해달라고 하면 자신 있게 말할 수 있을 것 같은데….

남해의 9개 면은 면마다 특징이 모두 다르고 각각의 매력이 있어.

하동에서 남해대교를 건너면 바로 닿는 곳이 설천면이야. 설천면은 해안도로를 따라 가장 아름답고 긴 벚꽃길이 있고, 대개 다른 면보다 더 높은 곳에 있는 기분이야. 윗동네와 아랫동네가 나뉘어 있는 것처럼 윗동네를 달리다 보면 저기 아래로 아랫동네가 보여. 그만큼 넓은 남해를 광활하게 볼 수 있다는 뜻이겠지?

설천면을 지나 내려오면 바로 고현면이야. 높은 산과 산성이 있고, 여기에서 가장 인상적인 곳은 바로 이순신 순국공원인 이락사야. 넓은 잔디광장 너머 줄지어 선 소나무의 절경은 비장함을 넘어 경이롭게 느껴지기도 해.

일몰을 보기로 마음먹었다면 무조건 서면으로 가야 해. 내 앞에서 정면으로 떨어지는 일몰 빛을 만날 수 있어. 여행의 하이라이트를 보내기에는 더없이 좋은 곳이 서면이야.

산으로 겹겹이 둘러싸인 남면은 일몰보다는 일출을 추천해주고 싶은 곳이야. 눈 비비고 일어나서 차 타고 다랭이 마을에 가서 일출을 보면 가성비 좋은 일출을 볼 수 있어. 적당한 곳에 주차하고 내리면 멋진 일출을 감상할 수 있으니 말이야.

남해, 창선 두 섬을 연결하는 곳은 이동면이야. 어디를 왔다 갔다 할 때마다 매번 지나는 곳이야. 그래서 이동면이라는 이름을 지은 걸까 싶어. 산지가 많은 남해에서 바다 쪽으로 뻗은 넓은 논지를 볼 수 있는 곳이야. 남해 바다가 시원하게 보이는 이곳을 드라이브할 때면 마음이 뻥 뚫리는 기분을 느끼곤 해.

웅장하게 자리를 지키고 있는 금산의 풍채가 배경으로 자리하고 있는 상주면에서는 산과 바다의 조화로움을 모두 느낄 수 있어. 희고 고운 모래가 있는 백사장, 듬직하고 풍채가 좋은 금산의 위엄까지. 남해에는 모래 해변이 많지 않은데, 이쪽으로 간다면 몽돌해변이 아닌 고운 모래사

장을 만날 수 있어.

남해의 죽방멸치를 잡는 전통 방식인 죽방렴이 궁금하다면, 창선대교와 연결되는 삼동면으로 가야 해. 큰 산이 있어서 교통이 편하지는 않아. 그렇지만 높은 언덕 위에 있는 독일마을과 그나마 가을을 가장 잘 느낄 수 있는 단풍나무, 그 길을 따라가면 피톤치드 향 가득한 편백나무 숲도 있어.

같은 남해에서도 남해 같이 느껴지지 않는 곳이 있는데, 거긴 바로 창선면이야. 관광객을 위한 뭔가가 많이 없거든. 근데 그게 참 매력적인 곳이야. 더 외지고, 더 시골 같고, 특히 고사리밭이 많은 동네라서 나무가 많지 않은 민둥산이 많은데, 텔레토비 동산을 보는 것 같아. 남해읍에서도 멀리 떨어진 곳이고 구석구석 많이 보지 못한 곳이라 앞으로 더 많이 가보고 싶은 곳이기도 해.

아는 사람만 안다고 하는데 미조항은 남해에서 가장 활기찬 항구라고 해. 경매 들어봤어? 여기에서는 매일 아침 경매가 진행될 만큼 큰 항구를 가지고 있지. 그래서 그런지 가장 멋진 항구의 풍경을 가지고 있는 곳이 미조면이야.

어디를 가장 좋아한다고 말할 수 없을 정도로 모든 곳이 개성 있고 독특해. 기분에 따라, 시간대에 따라, 가고 싶은 곳을 골라가며 남해를 여행하곤 해. 그래서 제일 좋아하는 한 곳을 고르라고 한다면 그건 나에게 너무 어려운 질문이야.

남해에서도 유독 빈티지함이 묻어나는 거리가 있다.

오래되고 낮은 건물들이 길을 따라 어깨를 나란히 하고 있는 거리.

빛바랜 간판들, 키 작은 동네.

지족마을의 이 거리를 걷고 있으면 옛 드라마 속 주인공이 된 것만 같다.

따뜻한 공간 덕분에 당장이라도 책을 사고 싶어지는 아마도 책방,

짙은 녹색과 나무색이 어우러진 디자인 소품샵 초록스토어,

지족마을과 잘 어울리는 두 곳이 이곳에 오래도록 자리하고 있다.

남해는 어느 계절이 가장 예뻐?

"남해는 어느 계절이 가장 예뻐?"

"남해에서 제일 좋아하는 곳은 어디야?"라는 질문 다음으로 많이 받게 되는 질문 중 하나야. 이 질문도 나에게는 어려운 질문이야. 나에게는 다 예쁘고 소중한 계절이라 어느 계절이 더 예쁘다고 줄 세우고 싶지 않은 마음이야. 사계절이 대체로 따듯한 남해는 그 온화함 안에서 사계절의 특징을 가지고 있어.

남해의 봄은 서울보다 이르게 찾아와. 계절의 경계에 서 있는 이런 시기가 되면 누구보다 빠른 봄을 맞이한다는 사실이 낯설게 느껴지기도 해. 남해의 온 마을에는 크고 오래된 벚나무가 지천이야. 어딘가를 가지 않아도 드라이브를 하다 보면 온 동네가 벚꽃 잔치라는 걸 느낄 수 있어. 남해에

는 벚꽃 나무뿐인가? 라는 생각이 들 정도로 많아. 에메랄드빛 바다색과 연한 핑크빛 벚꽃을 함께 볼 수 있는 봄, 봄은 그렇게 황홀해.

남해의 여름은 아크릴 물감 같아. 진한, 아니 찐한 파란 바다와 하늘, 짙은 초록의 산을 보면 이렇게 단조롭고 선명한 색을 가진 마을이 있나 싶을 정도야. 그 풍경을 보고 있노라면 눈이 시원해지고 마음이 정화되는 느낌을 받을 수 있어. 남해의 여름은 유독 덥고 습하지만, 이 더위를 견뎌내면서 남해의 여름을 누리고 싶어져. 장마가 오는 때면 산과 바다에 걸린 멋진 운해를 볼 수 있어. 금방이라도 산신령이 나타날 것 같은 웅장한 운해의 풍경을 보면 산신령이 살고 있는 곳이 남해가 아닐까 싶어.

추수의 계절인 가을에는 온 마을이 축제 같아. 분주한 어르신을 보면 괜스레 나 자신을 반성하곤 해. 가을이 오기 전에 벚나무 잎은 떨어지고, 단풍나무가 많지 않고 일교차가 심하지 않다 보니 단풍의 절경은 많이 볼 수 없지만, 능선에 걸친 가을빛은 얼마나 부드럽고 따뜻한지. 추수하는 모습도 얼마나 정겨운지 몰라. 길에서 가장 많은 경운기를 볼 수 있는 계절이기도 해. 그래서 가끔 도로에서는 교통 체증이 발생하곤 해. 서울의 교통 체증은 짜증을 유발하는데, 남해의 교통 체증은 천천히 주위를 둘러보라는 신호처럼 느껴져서 느리게 달리는 것조차도 즐거워.

서울에서는 패딩으로 꽁꽁 싸매도 추웠는데, 그 겨울 남해에서는 기모 후드 하나만 걸치고 다녔는데도 따뜻했어. 추위를 싫어하는 나 같은 사람에게 남해는 겨울을 보내기엔 더없이 좋은 곳이야. 물론 눈이 내리는 일은 거의 없다고 해. 하지만 언젠가는 눈 오는 남해의 풍경을 볼 수 있지 않을까? 짙어진 겨울의 바다색은 여리여리한 여름색과 달리 오묘해. 바닷바람이 매섭기는 하지만, 짙어진 바다색이 바로 남해의 겨울색이 아닐까 싶어. 종종 시금치밭을 볼 수 있는데, 이 푸른 시금치들 덕분에 겨울이 마냥 황량하진 않아.

처음에는 여름의 남해를 보고, 봄이 궁금해서 봄을 보고, 또 가을을 보고, 겨울을 보고, 그렇게 사계절의 남해를 보고 나니 어느 계절에 찾아오더라도 알 수 없는 감정으로 마음이 뭉클해져. 어느 계절이 더 예쁘다고 말할 수 없지만 확실한 건, 어느 계절에 오더라도 남해는 아름답다는 거야.

벚꽃 위로 봄비가 내리던 날

　3월 중반 무렵이면 남해의 벚꽃은 서서히 봉오리를 터트릴 준비를 한다. 물론 나도 벚꽃을 맞이할 준비를 마친 상태이다. 남해의 벚꽃을 보러 온 지 세 번째 해가 되었다. 봉오리 끝을 살며시 어루만지다가 살짝 두드리며 묻는다.

　"똑똑똑, 언제 나올 거야? 난 준비가 다 됐어."

　통통해진 봉오리 안에 벚꽃 잎이 가득 들어있다고 상상하니 봉오리 하나하나가 소중하다. 벚나무의 가지 끝에 핑크빛이 아른거리면, 벚꽃이 피기 시작할 무렵이 되었다는 신호다. 그리고 벚나무는 예고도 없이 하룻밤 사이에 꽃봉오리를 터트린다. 나무 끝에 벚꽃 잎이 하나하나 열릴 때마다 나뭇잎 하나 없이 찬 겨울을 이겨낸 앙상한 나무가 크고 대단한 존재로

느껴진다. 하루가 달리 꽃잎을 터트리는 벚나무가 길거리를 가득 채우고, 벚꽃의 황홀함이 절정에 다다른다. 너무 아름다워서일까. 피고, 지고, 벚꽃 비가 되어 흩날리는 시간이 야속하게 짧게만 느껴진다. 그 짧은 시간을 비집고 봄비라는 손님이 온다면 더욱 그렇다.

자연의 생명수 같이 느껴지는 봄비와 달리 가을 태풍처럼 세차게 봄비가 내린 적이 있다. 비바람이 불고 나무가 뽑힐 것처럼 매서웠다. 도로에는 나뭇가지들이 부러진 채 나뒹굴고 벚꽃 잎들이 비를 맞고 도로에 툭툭 떨어졌다. 이제 막 피기 시작한 벚꽃들이 다 떨어지면 어쩌나 속상한 마음뿐이었다. 내 마음을 아는지 모르는지, 봄비는 그렇게 밤새도록 세차게 몰아쳤다. 분명 내일은 꽃이 다 떨어지고 앙상한 나뭇가지뿐이겠지 동동거렸는데, 다음 날 다시 찾아가니 다행히도 벚꽃들은 근실하게 나뭇가지 끝에 피어있다.

'생각보다 너희들 강하구나. 잘 버텨줘서 고마워.'

강한 비에도 꽃잎을 지켜낸 벚나무가 대견해서 한 그루 한 그루 토닥토닥 두 팔 가득 안아주고 싶은 그런 봄이었다.

작가가 추천하는 벚꽃 명소

　남해의 벚꽃 명소는 남해 그 자체이다. 남해를 드라이브하다 보면 어디에서도 쉽게 벚나무를 마주할 수 있다. 남해는 지역마다 조금씩 개화 시기가 달라서, 조금 일찍 피는 나무도 있고, 늦게 피는 나무도 있다. 숨어있는 벚꽃나무를 찾아다니며 나만의 명소를 만들어보는 것도 또 하나의 재미가 될 것이다. 다만 대부분 1차선 도로인 남해에서 길가에 차를 세워놓고 꽃구경을 하는 일은 없어야 할 일이다. 제대로 된 주차공간에 안전하게 주차하기를 권한다. 우리가 익히 잘 알고 있는 남해의 관광명소인 다랭이마을, 독일마을, 원예예술촌, 두모마을 등 어디에서도 쉽게 벚꽃 풍경을 마주할 수 있다. 각 마을회관 주변으로도 긴 벚꽃 터널 혹은 큰 벚나무를 볼 수 있어서 마을회관 주변을 돌아보는 것도 하나의 팁이다. 개인적으로 좋아하는 곳은 구미마을회관에서 덕월마을회관까지 이어지는 긴 벚꽃길과 예계마을 벚꽃길, 토촌마을 벚꽃길, 그리고 남산마을회관 앞 실내체육관 근처, 홍현1리

회관 근처, 남해 스포츠파크 근처, 설리마을복지회관 근처 벚꽃 등이다.

🌼 왕지 벚꽃길

긴 해안도로를 따라 끊임없이 이어진 벚꽃의 향연을 마주할 수 있는 곳이 있다. 왕지 벚꽃길은 5km 구간의 천여 그루가 넘는 벚꽃 터널을 만날 수 있는 남해의 대표적인 벚꽃 명소이다. 남해대교를 건너기 전부터 산을 따라 이어진 긴 벚꽃 띠가 어서 오라며 사람들을 반긴다. 남해대교를 건너자마자 마주할 수 있는 이곳은 벚꽃과 남해의 바다, 남해의 상징이 되는 남해대교를 한눈에 담을 수 있는 풍경이다. 긴 해안도로를 느릿느릿 감상하며 달려보는 것도 좋지만, 도로 옆 갓길에 잠시 차를 세워두고 흐드러진 벚꽃나무를 바라보면 황홀함이 마음속에 차오를 것이다. 하루하루가 다르게 피어나는 벚꽃이 필 무렵도 좋지만, 꽃이 지기 시작할 무렵은 더 화려하다. 꽃비 내리는 순간은 마치 봄에 내리는 함박눈같이 탐스럽다. 떨어진 벚꽃잎은 도로 가득 소복이 쌓인다. 매일 벚꽃잎이 떨어지지 않기를 바라던 나도 꽃비가 내리면 쏟아지는 꽃비를 바라보며 하염없이 서 있곤 한다.

🌼 왕지 벚꽃길 가이드 팁

- 주말을 이용해 남해를 찾는 사람이 많아서 왕지 벚꽃길의 주말은 항상 북적거린다. 한적한 풍경을 감상하고 싶다면 평일에 찾는 것을 추천한다.
- 왕지 벚꽃길이 위치한 설천면은 높은 언덕 위에 있어서 남해 바다의 풍광을 한눈에 내려다보기 좋다. 도로 중간중간 유채꽃이 피어있는 곳이 있다면 벚꽃과 유채꽃, 바다의 풍경까지 함께 사진에 담을 수 있다.

- 정오 전후로 채광이 좋고 긴 터널은 구간별로 해가 들어오는 시간대가 조금 씩 다르다. 해 질 무렵에는 남해대교와 가까운 벚꽃길의 채광이 좋다. 해 질 무렵의 노을, 남해대교, 벚꽃, 유채꽃을 함께 담아보는 것도 좋다.
- 오래된 벚나무인 만큼 키가 크기 때문에 로우앵글로 벚꽃을 담아보는 것을 추천한다. 촬영자는 아래에서 위의 방향으로 앉아서 찍으면 벚꽃을 프레임 가득 담을 수 있을 것이다.
- 광각으로 크게 담는 것도 좋지만, 벚꽃 터널에서는 공간의 압축감을 이용하 면 벚꽃이 훨씬 많은 것처럼 느껴지는 효과를 줄 수 있다. 휴대폰 카메라의 기본 화각보다 크롭하여, x2 혹은 인물사진 모드로 촬영을 해보자. 훨씬 뒤 로 물러나 촬영을 해야 하지만, 가까운 곳에서 담는 것과는 다른 느낌의 사 진을 담을 수 있을 것이다.
- 갓길에 차를 세우고 구경하는 사람들이 많기 때문에, 구경하는 사람과 운전 하는 사람 모두 안전에 주의해야 한다.

예계마을(작장리)

도마초등학교

구미마을(덕월리)

상주마을(상주리)

덕월마을(덕월리)

석교마을(석교리)

고현면(행복복지센터 근처)

어르신들의 손끝에서 피는 봄

　노량주차장에서 벚꽃이 피어있는 길을 따라 올라가다 보면, 그 끝에 오래된 휴게소가 하나 있다. 전망을 내려다보기 좋을 정도의 언덕에 위치한 나루터휴게소. 넓은 주차장에 차를 세우고 풍경을 바라보면 벚꽃과 유채꽃, 산들 사이에 남해대교까지 환상적인 남해만의 봄 풍경을 마주할 수 있다. 봄이 되면 항상 이곳에 들러 쉬어간다. 휴게소를 지키는 강아지는 여느 때와 다름없는 낮잠을 즐긴다. 오랜 시간이 묻어나는 휴게소만큼이나 휴게소 옆에 있는 벚나무 한 그루도 그렇다. 유독 팔이 길어 넓은 그늘을 만들어주는 나무는 모든 것을 보듬어 줄 것 같은 오랜 세월의 내공을 품고 있다. 그 나무 아래에 서 있는 것만으로도 완연한 봄을 맞이하는 기분이 든다. 재작년에는 내려다보이는 밭에 유채꽃이 심겨 있더니, 그다음

해는 튤립이 심겨 있다.

"어르신, 여기 꽃은 해마다 바뀌나 봐요."

"응, 내가 심고 싶은 걸로 심어."

해마다 꽃이 달라지는 심오한 이유가 있는 줄 알았는데, 오롯이 나루터 휴게소 사장님의 취향이었다고 하니 참 재밌다. 유채꽃이 핀 사진을 보고 온 사람들은 당연히 유채꽃이 있는 줄 알 테고, 튤립을 본 사람들은 튤립이 심겨 있는 게 당연한 줄 알았을 텐데, 어쩌면 여기에서 당연한 건 없는 듯하다. 고로 꽃이 심어지는 것도 당연한 게 아니라는 말이지 싶다.

계단식 논에 가득 핀 유채꽃이 아름답기로 유명한 두모마을도 그렇다. 재작년에는 바닥이 보이지 않을 정도로 논에 노란 유채꽃 물결이 일렁거렸다. 풍덩 빠지면 헤엄을 칠 수 있을 정도로 깊어 보였는데, 해가 지나고 다시 방문해보니 지난해보다 유채꽃의 키도 작고 듬성듬성 심겨 있다. 왜 일까 궁금해 두모마을에 사는 청년들에게 물어보니, 올해는 어르신들께서 유채꽃을 많이 심지 않으셨다고 한다.

계절이 바뀌고 시간이 흐르는 것 같이 꽃도 그렇게 자연스럽게 피어나는 거라고 착각하고 있었다. 저절로 피어나는 줄 알았던 유채꽃이 이 마을 사람들의 손끝에서 시작한다는 사실을 깨닫고 나니 꿀밤을 한 대 먹은 것 같은 기분이다. 우리가 이토록 원하는 봄을 맞이하기 위해서는 바람도, 햇살도, 비도 필요하지만, 무엇보다 이 마을 어르신들의 손길도 필요하다는 것을. 당연하게 생각하던 봄의 풍경을 마주할 때마다 이제는 이곳에 살아가는 어르신들을 한 번 더 떠올리게 된다. 올봄에도 그분들의 수고 덕분에 그 어느 때보다 아름다운 봄을 맞이하고 있다.

하늘도 바다색도 필터를 끼운 듯 아름답지만

아름답다는 말로는 턱없이 부족하다.

내가 가장 사랑하는 곳에서 가장 아름다운 순간들을 맞이하는 중.

우리는 말하지 않아도 남해로 모인다

　남해에는 설명할 수 없는 신기한 통로가 있다. 그 통로를 통해서 이어진 인연 중, '양장점'이라는 이름으로 활동하는 부부와는 첫 만남을 시작으로 계속해서 우연한 만남을 거듭했다. 우리의 첫 만남은 어느 늦가을이었다. 한 숙소에만 머무르는 나처럼, 그분들도 줄곧 한 숙소만 찾는다고 했다. 특별한 일이 아니어도 때에 맞춰 남해를 찾아오는 나처럼, 그분들도 그렇다고 했다. 남해를 좋아하는 것, 이 숙소를 찾아오는 것 두 가지 이유를 충족했다는 이유로 우리의 만남은 그렇게 시작됐다. 짧은 단편영화를 찍던 날, 단편영화 시사회를 하던 날, 사진전을 준비하던 날, 양장점의 전시가 한창이던 날, 그리고 어느 여름날, 다음 해의 봄날까지. 우리는 만나자는 약속을 하지 않아도 종종 남해에서 만나 짧은 일정을 함께했다.

나도, 그분들도 남해를 자주 오는 탓에 그게 우연처럼 맞았을 수도 있다. 하지만 각자 다른 지역에서 살아가고 있는 우리가 남해라는 곳에서 말하지 않아도 때맞춰 남해로 모인다는 사실이 재밌기도 하다. 처음엔 신기하고 놀라웠던 우리의 만남이 이제는 사뭇 자연스럽다. 우리는 지금도 남해라는 통로를 지나, 우연한 시간을 함께 나눈다.

"저는 고향이 남해예요."

일주일에 한 번씩 사진 모임을 나가곤 했는데, 그곳에서 만난 화영언니가 어느 날 고백 아닌 고백을 했다. 그 말을 듣는 순간 고향 사람이라도 만난 것처럼 반가웠다.

"우와, 언니 남해 사람이었어요? 저 남해 엄청 좋아해요. 우리 나중에 남해 같이 가요. 남해로 사진 찍으러 가요. 언니네 집에 놀러 갈래요! 남해 어디에 살았어요? 언제까지 살았어요? 어렸을 때 남해에서 사는 건 어땠어요?"

언니의 한마디에 나의 질문은 수도 없이 쏟아졌다. 한번은 친구들과 남해 여행을 갔다가 찍은 사진이 있었는데, 언니가 그 사진을 자세히 보더

니 이렇게 말했다.

"여기 배경 뒤에 보이는 곳이 우리 집이야!"

설리 해수욕장. 남해의 많고 많은 곳 중에서 지나가다가 이름이 예뻐서 우연히 들른 곳이었다. 언니의 집까지 사진에 찍혔다는 게 신기하고 재밌어서, 다음에는 언니 집으로 꼭 놀러 가겠다고 했다. 그 뒤로 남해에서 일주일 정도 촬영을 하면서 머물 곳을 찾고 있었는데, 그 사실을 알게된 언니가 괜찮다면 언니네 집에 머물러도 된다고 말했다. 언니도 서울에 살고 있었지만, 그때 마침 고향 집에서 며칠을 머무를 예정이라고 했다.

"시골집이라서 좀 불편할 거야."

언니는 걱정했지만 나는 그래도 좋았다. 오직 설레는 마음뿐이었다. 언니가 사는 설리 해수욕장은 남해읍에서도 40분 정도를 더 달려가야 한다. 어쩌면 짧은 남해 여행을 하는 여행객들에게는 생소한 곳이지만, 그래서

이 동네가 더욱 마음에 들었다. 짐을 바리바리 싸 들고 서울에서 남해까지 6시간을 운전해서 드디어 설리 해수욕장 앞에 도착했다. 오랜만에 만난 언니와 안부를 주고받고 짐을 챙겨 언니 뒤를 따라 집으로 쫓아 들어갔다. 해수욕장을 바라보고 있는 여러 집 중 어느 집일까, 머릿속으로 그려보다가 큰 대문이 있는 집을 가리키며 물었다.

"언니, 여기예요?"

"아니."

그 집을 지나쳐 옆길로 들어가는데 눈앞에 마주한 돌담집. 그 집을 보자마자 '아, 저 집이었으면 좋겠다.' 생각했는데 내 예상이 적중했다. 이 아담하고 정겨운 시골집이 언니네 집이라니! 할머니의 농기계가 들어있을 것 같은 낡은 창고 하나, 마당 앞에 뾰족뾰족 작은 쪽파들이 자라고 있는 작은 텃밭, 굴뚝이 달린 아궁이, 그리고 마당을 가로질러 있는 빨랫줄마저도 사랑스러웠다. 도착한 첫날이었는데도 불구하고 당장 빨래를 해서 널고 싶었다. 마당을 둘러싼 낮은 돌담 너머로 설리 해수욕장이 내려다보였다. 화영언니는 이 집에서 태어나서 초등학교까지 자랐다고 한다. 마당을 요리조리 뛰어다니는 꼬마 화영을 상상하니 이 집이야말로 시간의 흔적이 고스란히 묻어난 가장 남해다운 집이 아닐까 하는 생각이 들었다. 짐을 푸는 둥 마는 둥 하고 돌담 가장 가까운 곳에 서서 바다를 바라봤다. 파랗고 맑은 바다 위로 윤슬이 반짝반짝 춤을 추고 있었다. 마치 내 기분처럼.

나를 위한 배터리를 남겨두기

그렇게 촬영을 앞두고 화영언니네 집에서 머물게 되었다. 남해에서 보낼 열흘의 시간이 마냥 좋다가도 예정된 촬영을 생각하면 잘해야 한다는 부담감에 마음이 편치 않았다. 대개는 점심이 지난 시간부터 해가 질 때까지 촬영을 했기 때문에, 촬영 전 오전 시간만큼은 하루 중 가장 여유 있는 시간이었다. 그중에서도 가장 여유 있는 시간은 마당에서 언니와 함께 밥을 먹는 시간이었다.

우리는 굳이 뜨거운 볕이 쏟아지는 마당으로 밥상을 가지고 나와 밥을 먹었다. 바다를 조금 더 가까이에서 보고, 파도소리를 곁들이면서. 먹다 보면 얼굴은 뜨겁고 눈이 부셔 결국은 모자를 눌러쓰지만, 마당에서 밥을 먹는 일은 멈추지 않았다. 비가 오는 날에는 빗소리를 들으며 마루에서

떡만둣국을 먹었고, 어떤 날은 밥공기 가득 구운 소시지만 놓고 밥을 먹기도 하고, 또 어떤 날은 언니가 직접 잡아 온 문어로 문어 요리를 해 먹기도 했다. 어떻게 해 먹어도 행복할 수밖에 없었던 건 그 시간 동안만큼은 마음이 충분히 느긋할 수 있었기 때문이었다.

매일 이런 평화로운 시간이 있으면 얼마나 좋을까마는 그렇지 못한 날도 많았다. 하루가 다르게 피어나는 벚꽃 개화 상태를 확인하는 것은 촬영 전 반드시 필요한 일이었기에 종종 소중한 오전 시간을 반납해야 했다. 머릿속은 촬영할 생각으로 복잡하고, 바다를 옆에 두고 있으면서도 바다를 내려다볼 마음의 여유도 없었다. 밥은 차에서 대충 해결해야 했다. 해야 할 일이 많아지면, 느긋하게 보내는 시간도 나에겐 사치였다.

이렇게 열흘을 보내고 나서 깨달은 게 있었다. 평화롭고 느긋하게, 바람이 불면 구멍 사이로 찬바람이 송송 들어오는 성긴 니트처럼 시간을 보내는 것도 내 일에 최선을 다하는 일이라는 것을. 촬영 전 반드시 카메라 배터리를 100퍼센트로 충전하는 것처럼, 촬영 전 나의 컨디션이 100퍼센트 충전되었는지 확인해야 한다는 것을. 그래야 촬영을 마친 후에도 나를 위한 시간을 쓸 수 있는 배터리가 여유 있게 남을 수 있으니 말이다. 그것이 내가 좋아하는 일을 오래, 건강하게 할 수 있는 방법이라는 것을 깨달았다.

촬영을 마치고 돌아오면 남은 나의 컨디션 배터리를 확인한다. 여전히 나를 위한 배터리를 남겨두는 게 쉽지는 않지만 조금씩 연습하는 중이다. 하루 동안에 꼭 근사한 점심은 아니더라도 내 손으로 준비한 나를 위한 식사, 잠시라도 생각을 정리할 수 있는 커피 한 잔의 여유, 바다가 아름답다고 느낄 수 있는 마음의 안정을 찾는 일은 나와 내 일에 최선을 다하는 중요한 일들이라 믿는다.

바닷가 마을에서 살아본다는 것은

바닷가 마을에서 살아보는 건 정말 특별한 일이다. 특히 육지에서 나고 자라 바다를 한 해 몇 번 가보지 못한 나에게는 더욱 그렇다. 우선 눈을 뜨자마자 창밖으로 달려가 오늘 바다는 안녕한지 묻는다. 오늘도 여전히 윤슬은 춤을 추고, 파도소리는 선량하다. 설리 해수욕장 바로 앞에 있는 화영언니네 집은 거실 크기의 한 면이 유리로 되어 있어 바다가 시원하게 내다보인다. 마당까지 나가는 것도 귀찮은 날에는 거실 마루에 앉아 화영언니의 반려견 뭉치를 쓰다듬으며 먼바다를 바라보고 온몸으로 햇살 충전을 한다.

처마 끝으로 빗방울이 떨어지는 날에는 파도소리가 다르다. 잔잔하게 속삭이던 파도가 큰 소리를 내며 모래 바닥을 세차게 두드리는데, 이런 사소한 것에서 시작되어 바닷가 근처에 살아보지 않으면 느낄 수 없는 것들이 참 많다. 비 내리는 바닷가의 파도소리를 들으며 따뜻한 이불속에 들어가 있으면 문밖과 달리 평온한 이불속에서 작은 평화를 느낀다. 직장인에게도 방학이 있다면, 긴 여름 방학을 보내고 싶은 곳은 바로 여기, 남해 바다가 보이는 화영언니네 집이다.

일주일 치 짐을 싸 들고 언니네 집으로 향한다. 남해의 성수기인 여름 휴가철이 되자 그 조용하던 바닷가가 사람들로 붐비기 시작한다. 아침부터 파도소리에 사람들의 목소리가 섞여 밀려 들어온다. 휴가를 맞이해 바다 근처에 숙소를 잡은 사람들을 보면서 왠지 모를 여유로움을 느낀다.

휴가철에는 고양이들도 바쁘다. 편의점 앞에 삼삼오오 모여 사람들을 보면서 야옹야옹 울고 있기도 하고, 횟집 앞에서 고기 한 점이라도 떨어질까, 고개를 쭉 빼고 앉아있기도 한다. 어느 날 언니는 물질할 채비를 하고, 나는 캠핑 의자를 챙겨 바닷가로 나간다. "출발!" 하고 걸어서 채 1분도 걸리지 않아 우리는 모래사장을 걷고 있다. 언니는 차디찬 바닷물에서도 익숙하다는 듯 냉큼 바닷물에 몸을 담그고, 나는 가끔 물 위로 빼꼼 올라오는 언니를 찾으며 의자에 몸을 축 늘어뜨린다. 언니와 달리 바닷물을

싫어하는 뭉치는 멀찌감치에서 언니를 찾으며 두리번거린다. 그러다가 집에 가고 싶으면 언제든 뒤돌아서 냉큼 집으로 돌아간다.

여름 밤바람이 시원하다며 슬리퍼를 질질 끌고 아이스크림을 먹으며 바닷가 마을을 걷다가, 집으로 돌아가는 길이 아쉬워 평상에 한참을 누워 밤하늘을 바라보다가 집으로 돌아온다. 가로등 불빛도 몇 개 없는 작은 동네에 짙은 어둠이 내려앉으면, 여름밤을 화려하게 수놓고 싶은 누군가 폭죽을 쏘아 올리는 소리가 들린다. 폭죽 소리와 함께 온 동네 개들은 다 함께 합창을 시작하고, 언니는 이 작은 마을에서 누가 이 시간에 폭죽을 터트리냐며 불평이다. 처음에는 마냥 즐거웠던 폭죽 소리를 들으면 이제는 언니보다 내가 먼저 시계를 보고 인상을 찌푸린다. 이 작은 바다 마을에서 늦은 시간에 폭죽을 터트리는 일이 큰 실례라는 것을 이곳에서 지내지 않았더라면 몰랐을 일이다. 누가 보면 남해 사람 다 됐다고 하겠다. 특별할 것 없는 소소하고 평화로운 여름 방학이었다. 어렸을 때 매일 일기장에 쓰던 그 말, 이런 일상의 하루 끝에는 꼭 하고 싶은 말이 있다.

"오늘도 즐거운 하루였다!"

소란스러워진 미조마을

조용하던 미조마을이 어느 순간부터 소란스럽다. 언니네 집으로 가는 길에 평소에 보이지 않았던 빨간 조형물이 들어서기 시작하고부터였다. 바다와 하늘, 산 풍경밖에 없던 곳이었는데, 오랜만에 다시 방문한 그곳에 마치 누가 옮겨다 놓은 것처럼 한순간에 짠! 하고 조형물이 생겨버렸다. 원래는 조형물이 있던 그 자리에 정자가 하나 있었다고 했다. 언니는 언덕 위에 있는 정자에 올라 바다를 내려다보기도 하고, 밤에는 별도 잘 보여서 그곳에서 별 사진도 찍었다고 한다. 그 이야기를 들으니 나도 내심 그곳이 궁금해졌다. 하지만 공사 때문에 길이 막혀 더 이상 그곳은 쉴 수 있는 곳이 아니었다. 나는 한 번도 가본 적 없지만, 사라진 곳이 되었다는 생각에 덩달아 아쉬워졌다. 아주 멀리에서도 보이는 그 큰 조형물을 볼 때마다 왠지 모를 못마땅한 감정도 함께. 뭐가 생기는지는 모르겠지만 꼭 생겼어야만 했을까, 라는 그런 생각들 말이다.

공사가 한창이던 마을 위의 언덕은 어느덧 공사를 마치고 새로운 모습으로 탄생하게 되었다. '설리 스카이워크'가 되어 드라마 촬영지도 되고, 그곳을 놀러 오기 위해 많은 사람이 찾기 시작했다. 거대한 조형물은 찾아오는 사람들을 위한 카페 공간은 물론, 넓은 남해 바다를 내려다 볼 수 있는 멋진 전망대가 되었다. 통유리로 된 바닥은 마치 남해 바다 위를 걷는 듯했다. 그 끝에는 남해의 바다를 가까이 내려다볼 수 있는 스윙 그네가 있어 재밌는 체험을 위해 사람들이 찾아오게 되었다. 사람들이 많이 찾는 곳이 되자 나도 가보고 싶어졌고, 언니와 그곳을 찾게 되었다. 와본 김에 그네도 타 봐야 한다며 사람들이 직접 밀어주는 그네에 몸을 싣기도 했다. 무서워서 악을 쓰다가 끝나버렸지만, 남해 바다가 내 발밑에 닿아 있던 풍경은 잊지 못할 것 같다. 전망대에서 바라보는 남해 바다의 풍경은 정말이지 최고였다는 건 부정하지 못할 것 같다.

조형물이 생기는 걸 보고는 아쉽다고 말해놓고 막상 와보니, 좋아하는 나 자신이 참 간사한 사람으로 느껴진다. 조용하던 미조면이 스카이워크 덕분에 관광객들이 더 많이 찾는 동네가 되었고, 일자리도 많이 생겼다고 하니 마냥 아쉬운 건 아니라는 생각을 했다. 참, 어렵다. 나의 입장은 뭔지 정의 내리기 어렵다. 나는 남해에 새로운 것이 많이 들어오는 것보다 남해가 가진 고유한 풍경을 지켜냈으면 좋겠는데, 반대로 생각해보면 남해에 사는 사람들은 새로운 인프라를 창출해서 살아가는 게 맞지 않을까. 어쩌면 남해의 고유한 풍경을 지켜줬으면 하는 내 마음은 이기적인 욕심이 아닐까. 방향을 잡지 못하는 마음은 여전히 흔들리고 있다.

설리 스카이워크

경남 남해군 미조면 미송로303번길 176
10:00 - 20:00

　남해의 푸른 바다와 풍경을 시원하게 조망할 수 있는 설리 스카이워크. 카페는 물론 사람들이 쉴 수 있는 공간이 마련되어 있어 남해에서의 특별한 추억을 남길 수 있는 곳이다. 통유리로 된 바닥을 걸어보며 발리 스윙 그네를 모티브로 한 스릴 넘치는 그네를 타 보는 것도 하나의 재미다. 두 사람이 직접 밀어주면서 강약 조절을 하는 그네의 강도에 따라 심장이 오르락내리락을 반복한다. 전망대보다 더 끝으로 나아가 남해 바다로 뛰어드는 듯한 경험을 하는 사람들을 보는 것만으로도 내가 타는 것마냥 온몸에 전율이 흐른다. 해가 뜨기 시작할 때부터 일몰까지 해가 따사롭다 못해 뜨겁게 내리쬔다. 여름의 한낮에 방문한다면, 꼭 햇빛을 가릴 만한 모자나 양산을 챙기는 것이 좋다. 특히 일몰의 풍경이 아름다우니 일몰에 방문해보는 것을 추천한다.

파도소리가 들리는 집

언덕을 지나 마을 아래로 내려가면 작은 집들이 바다를 둥글게 감싸고 있다. 아직은 사람들이 찾아오지 않아 조용한 펜션들, 바스라진 조개껍데기들이 뒤섞인 작은 텃밭, 시골 할매가 계산해주는 정다운 편의점 하나, 고양이가 엉덩이를 푹 깔고 기다리던 횟집, 방파제 근처에서 바다를 바라보고 앉아있는 낚시꾼들이 이곳의 풍경이다. 마을의 풍경이 모두 잠드는 밤이 되면 이 작은 마을을 비추는 가로등 몇 개만이 이곳의 소리가 된다. 유난히 고요한 시골 마을의 밤. 어둠을 머리끝까지 덮어도 잠이 오지 않는 날은 덜컹거리는 창문에도 흠칫 놀라 달려오던 잠이 다시 도망가 버린다.

멀뚱멀뚱 뜬 눈으로 천장만 바라보고 있으니 어디선가 아득하게 밀려 들어오는 소리가 들린다. 어릴 적에 들었던 잠들기 전 엄마가 내던

'쉬- 쉬-' 같은 소리. 규칙적으로 반복되는 소리에 누가 내는 기계음 같은 건 줄 알았는데, 가만히 듣고 있으니 모래 바닥에 부딪치며 소리를 내는 파도였다. 어둠과 함께 밀려오는 파도소리가 토닥토닥 내 이불을 두드린다. 바람이 불지 않는 날에는 있는 듯 없는 듯 귀에 온 신경을 쏟아야 간신히 들리다가 바람이 많이 부는 날에는 파도가 문 앞까지 와서 치는 듯 선명하다. 잠들기 전, 귀를 기울이며 오늘의 파도소리를 찾아낸다. 오늘은 어디쯤 와 있을까. 그 소리를 찾아 듣고 있으면 잠드는 일이 한결 편안하다. 어둠이 내려오면 바다를 둥글게 감싸고 있는 작은 마을에 나지막한 자장가가 울려 퍼진다.

서울로 돌아와 잠이 오지 않는 밤이면 그 마을을 울리던 파도소리가 생각난다. 애써서 귀를 기울여보아도 들리지 않는 그 소리. 이런 밤이면 서울의 적막함이 나를 더 잠 못 들게 만든다.

첫 사진전을 열다

혼자 남해를 여행하면 내가 하는 일은 특별한 게 없었다. 그저 시시각 각 변하는 남해의 아름다운 순간을 담는 일, 그 과정에서 내가 느끼는 소 소한 감정들을 풀어내는 것이 남해 여행의 주된 일이었는데, 그렇게 차 곡차곡 쌓인 사진과 글들을 보면 부자가 된 것 같았다. 남해 여행에서 나 는 어디를 갔는지보다 무엇을 보고 느꼈는지가 더 중요했다. 그렇게 오 래도록 쌓아둔 기록들을 나중에 누군가에게 보여줄 수 있었으면 좋겠다 는 생각을 했는데, 어느 날 내 사진을 좋게 봐주신 다락 게스트하우스 사 장님이 남해에서 사진전을 열어보자는 제안을 하셨다. 막연히 사진전에 대한 꿈은 꾸고 있었지만, 막상 내 눈에 닥치니 덜컥 겁이 났다. 과연 내 가 할 수 있을까? 처음에는 거절하고 뒤돌아섰지만, 머릿속에서 사진전

에 대한 생각이 떠나지 않았다. 다락 게스트하우스에서 하는 사진전이라면 나에게도 의미 있는 일이 될 것 같았다. 복잡하게 생각할 것도 없이 일단 용기를 내보기로 했다.

"저 할게요, 사진전."

큰 욕심은 내지 않기로 했다. 숙소 앞 왕벚꽃이 피기 시작할 무렵, 단 이틀 동안이었다. 그동안 차곡차곡 담았던 사진들이 누군가에게 시작이 되었으면 했다. 다락이 나에게 남해의 시작이 된 것처럼, 다른 누군가에게 나의 사진전이 남해의 시작이 되었으면 하는 마음이었다. 다락 게스트하우스의 메인 공간부터 계단을 따라 2층 두 개의 방에 나의 사진이 채워지기 시작했다. 내가 첫눈에 반했던 2층 방이 나의 사진으로 채워지는 걸 바라보고 있으니, 마음이 울렁거렸다. 단순하게 시작했던 나의 첫 여행이 쌓여 다른 사람들에게 내가 담은 순간들을 보여줄 수 있는 순간이 오다니. 내가 바로 성공한 남해 덕후가 아닐까, 하는 생각이 들었다.

벚꽃비가 화르르 쏟아질 무렵, 나의 첫 사진전 「봄, 오시다」가 다락 게스트하우스에서 열렸다. 첫 사진전이다 보니 어설픈 것도 많았지만, 서울에서 달려와 준 나의 친구들, 공간을 함께 해준 남해 친구들이 있어 이 사진전은 나 혼자가 아닌 모두가 함께하는 기분이었다. 온라인으로 소식을 접한 남해에 사는 친구들을 비롯해 광주, 순천 등 근교에 사는 분들까지 찾아와주시며 내가 바라본 남해가 여러 시선을 타고 널리 퍼지고 있었다. 첫날은 부슬부슬 봄비가 내렸고, 다음날은 거짓말처럼 하늘이 청명했다. 오랫동안 사진 앞에 멈춰 있던 사람들, 사진에 담긴 장소들을 알아 맞추며 이야기하는 사람들, 다과를 들며 테라스에서 봄을 만끽하고 있는 사람들을 보고 있으니 참 잘했다는 생각이 들었다. 내가 나고 자란 곳도 아닌 남해를 이렇게 사랑하게 될 줄을 누가 알았을까. 그렇게 나의 첫 사진전은 내가 사랑하는 곳에서, 사랑하는 계절에, 사랑하는 사람들과 함께였다.

치킨과 마늘쫑 장아찌

마늘 수확철이 되면 온 동네에 마늘 향이 떠다닌다. 잘 익은 마늘은 뽑힌 채 흙 위에 누워 따사로운 햇살 아래 태닝을 즐기고, 어떤 마늘은 도로 옆 가드레일 위까지 점령하며 지나가는 자동차들에게 잘 익은 몸매를 뽐낸다. 식당에 가면 빨간 옷을 입은 반질반질한 마늘쫑 반찬이 빠지지 않고 등장하며, 남해에 사는 친구 집에 놀러 가면 이웃집 할머니가 주셨다는 마늘쫑을 두 손 가득 들고 오는 장면을 마주할 수 있다. 남해에서 지내는 동안 우리의 식탁에도 마늘은 빠지지 않고 올라온다. 마당에서 고기파티가 열리는 날에는 삼겹살 옆에 마늘쫑을 가지런히 올려 굽는다. 야식으로 치킨이라도 먹는 날엔 이웃집에서 준 반찬이라며 항아리같이 큰 반찬통에서 건져 올린 마늘쫑 장아찌와 치킨을 함께 먹는다. 아삭하고 새콤한

179

마늘쫑 장아찌와 치킨의 궁합이 이렇게 좋았다니. 마을 수확철이 아니랄
까 봐 온 동네는, 우리 식탁까지 마늘 잔치가 된다.

바람흔적미술관

경남 남해군 삼동면 금암로 519-4
10:00~18:00(3월-10월, 하절기) / 10:00~17:00(11월-2월, 동절기)
화요일 휴무, 공휴일이 화요일인 경우 개관

5월에 찾았던 바람흔적미술관은 여름의 색이 진하게 묻어있었다. 바람을 테마로 한 설치미술가의 작품은 물론, 1층 미술관은 한 달에 한 번씩 새로운 작가를 초빙해 전시를 진행한다. 바람이 많이 부는 날에는 마당에 있는 커다란 바람개비가 끽-끽- 돌아가면서 바람의 흔적을 찾을 수 있다. 미술관 바로 앞에 펼쳐진 내산저수지의 풍광은 여름으로 갈수록 더욱 짙어지다가, 가을이 될 무렵에는 단풍으로 물이 든다. 따뜻한 남해에서 그나마 많은 단풍을 만날 수 있는 곳이 바로 이곳이다. 바다와 호수는 비교도 되지 않는다는 생각이 들지만, 내산저수지의 풍광을 마주하고 있으면 호수의 풍경도 이렇게 아름다울 수 있구나를 깨닫는다. 영감이 마구마구 떠오를 것 같은 미술관의 풍경이다.

국립남해편백자연휴양림

경남 남해군 삼동면 금암로 658
09:00-18:00, 화요일 휴무

길게 뻗은 편백나무를 볼 수 있다. 쉼을 위해 찾는 사람들을 위한 곳이어서일
까, 어떤 지름길도 없이 남해를 온전히 돌아서 들어갈 수 있는 곳이다. 짙은 피톤
치드 향과 함께 숲길을 걸어보고 싶은 이에게 추천하는 곳이다. 전망대에 올라 바
라보는 남해의 풍경은 겹겹이 쌓인 산의 능선이 다른 곳에서 보는 풍경과는 조금
다른 느낌을 선사한다. 바람흔적 미술관, 독일마을, 원예예술촌과도 인접해있어
함께 둘러보기 좋다.

경운기 히치하이킹

　남해에서는 어르신들의 유일한 자가용이 있다. 느리고 소리도 요란하지만, 어르신들을 위한 최고의 오픈카. 경운기이다. 국내의 많은 곳으로 여행을 다녔지만, 경운기를 이렇게 자주 만날 수 있는 곳이 남해 말고 또 있을까 싶다. 길에서 경운기를 만난 차들은 속도를 내며 경운기를 앞질러 가기 바쁘다. 어르신들의 속도는 경운기처럼 느릿느릿한데, 세상의 속도는 앞질러 가는 자동차처럼 정신없이 빠르다. 종종 내 앞으로 경운기가 나타날 때면, 앞질러 가기보다 경운기 뒤를 조용히 따라간다. 남해의 속도도 때로는 이렇게 천천히 흘렀으면 좋겠다. 마을을 울리는 경운기가 다니지 않는 남해는 생각만 해도 너무 각박하고 심심할 것 같다.

느릿한 경운기가 도로를 점령한다. 오늘은 할아버지 혼자가 아닌 할머니도 함께. 운전대를 잡고 계신 할아버지와 밀짚모자를 눌러쓰고 경운기 뒤에 앉아계신 할머니를 보니 어쩐지 정답게 느껴져서 나도 그 풍경 속으로 슬쩍 끼어들고 싶다.

"언니도 어렸을 때 경운기 타고 다녔어요?"

남해에서 태어나 초등학교 때까지 자랐던 언니에게 이 그림은 자연스러운 모습일 수도 있겠다는 생각이 든다.

"우리 어릴 때는 경운기 타고 읍내 목욕탕을 다녔어. 가는 길에 마을 할매들 보면 모두 태워다가 갔었지."

마을 할매들을 한 분 한 분 태우다가 경운기가 꽉 차게 되는 모습까지 상상해보니, 재밌고 귀여워서 웃음이 나온다. 그 시절에도 히치하이킹이 있었구나. 바로 경운기 히치하이킹.

"언니, 저도 나중에 경운기 히치하이킹 해보고 싶어요."

경운기를 타고 바라보는 남해의 풍경은 자동차를 타고 바라보는 남해의 풍경과 또 다를 것 같아서 벌써부터 궁금해진다.

예쁜 계절, 예쁜 시절

남해의 벚꽃은 아기자기한 동네에 피어난 꽃이라 더 정겹다. 흐드러지
게 피어난 벚꽃나무 아래에서 카메라를 들고 이리저리 사진을 찍고 있으
니 동네 어르신께서 한마디 건넨다.

"참 예쁠 때 잘 왔네."

그리고는 뒷짐을 지고 갈 길을 가신다. 예쁠 때라는 게 벚꽃이 예쁠 때
인지 나의 젊은 날을 말씀하시는 건지 알 수는 없지만, 아무래도 둘 다가
맞는 것 같다.

그 말이 참 따듯하고 예뻐서 마음속에 오래도록 남아있다.

남해에 사는 청년들

남해의 이곳저곳을 다녔지만, 이곳에서 젊은 청년들을 만나는 건 쉽지 않은 일이었다. 남해에 젊은 청년들이 있기는 한 건지 궁금하던 찰나, 남해에서 청년들이 살고 있다는 소식을 듣게 되었다. 그중에서도 친구 따라 남해에 왔다가 이곳이 좋아서 정착했다는 '해변의 카카카'는 남해에서 글을 쓰고, 그림을 그리고, 디자인을 하고, 출판을 하기도 하는 등 다양한 분야에서 활동하는 친구들이었다. 남해를 좋아하면서도 이곳에 정착해야 겠다는 결심을 하지 못하는 나와는 다른 그들이 마냥 대단하게 느껴졌다.

요리를 배운 적이 없다는 소형은 요리 솜씨가 너무나 훌륭했다. 뚝딱 해 준 요리들 중에서 들기름 파스타는 특히 기억에 남을 정도로 맛있었다. 배달도 되지 않는 남해에서 식당만큼이나 맛있는 음식을 할 수 있는 사람이 있다는 건 무척이나 소중한 일이었다. 대장 같은 성민은 웃을 때는 한없이 둥글둥글하다가도 일을 할 때면 불같아지곤 했는데, 나는 그가 일할 때는 말을 걸지 않는 편이었다. 그런 그가 벌레를 잡지 못한다는 사실을 알았을 때는 적잖이 충격이었다. 반달이 되는 눈웃음과 리액션 부자인 지영과 엉뚱한 매력이 있는 막내 민채까지, 이 귀여운 친구들이 남해에 살고 있다.

남해에 갈 때마다 활짝 열린 대문을 지나 카카카네 집에 들러 안부를 묻고 온다. 처음에는 "남해에 언제 왔어?" 하고 놀라던 친구들도 매번 불쑥 찾아오는 내가 이제는 제법 자연스러운 모양이다. "나 왔어!"라는 목소리만 듣고도 나를 반겨주는 친구들을 보면, 남해가 마치 내 옆 동네처럼, 친구들은 마치 동네 친구처럼 가깝게 느껴진다.

내비게이션이 안내하지 않는 곳, 남해대교

    버스를 타고 달리다 보면 어느 순간 바다 사이로 빨간 남해대교가 보이기 시작한다. 그러면 나도 모르게 마음이 먼저 쿵쾅쿵쾅 요동을 친다. 남해에 왔다는 사실을 먼저 알게 되는 건 빨간 남해대교에 대한 기억이었다. 영화 「센과 치히로의 행방불명」에서 주인공 치히로가 이상한 터널을 지나 다른 세상으로 들어가는 것처럼, 남해대교는 나에게는 이상한 터널과 같았다. 남해대교를 건너는 순간부터 바깥세상과는 다른, 느리고 평화로운 남해의 시간을 사는 것처럼 느껴졌기 때문이다.

    남해를 갈 때면 대부분 대중교통을 이용하곤 했는데, 어느 순간부터 직접 운전해서 가는 일이 많아졌다. 그날도 운전해서 남해로 가는 길이었다. 남해대교가 평소와 다르다고 느낀 건, 다리를 다 건너고 난 후였다. 확실하지는 않았지만, 차선도 많아진 것 같고 도로도 넓어진 것 같았다. 다리를 건너면 보이는 마을의 풍경도 이전과 달랐다. 다리를 건너면 바로 보였던 빨간 사우나 모양이 박힌 '남해각'이라는 건물도 보이지 않았다. 알고 보니 내가 건넌 다리는 남해대교가 아닌 노량대교였고, 노량대교는 남해대교의 노후화로 새로 개통된 대교였다. 그제야 남해대교 옆으로 한창 공사 중이던 장면이 머릿속을 스쳤다. 운전해서 남해를 갈 때면, 굳이 남해대교를 찾아서 가지 않는다면 노량대교로 가는 것이 자연스러운 일이 되었다. 내비게이션은 더 빠른 길이라며 노량대교로 안내할 것이다. 남해대교가 사라진 것도 아닌데 더 이상 내비게이션이 안내하지 않는 곳이 되었다는 것이 왠지 아쉽기만 하다.

남해각

경남 남해군 설천면 남해대로 4216
09:00 – 17:00 월요일 휴무

사우나 모양이 박혀있던 오래된 공간이었던 남해각이 새로운 공간으로 재탄생하게 되었다. 한때 숙박·휴게시설로 사람들의 인기를 얻으며 활기찼던 남해각은 무려 44년 동안 유휴 공간으로 방치되었다고 한다. 그곳이 이제는 남해대교를 기억할 수 있는 공간이 되었다. 남해대교의 개통으로 남해는 더 이상 섬이 아닌 육지가 되었고, 많은 사람이 남해대교의 개통을 축복했다. 남해 주민들, 수학여행을 온 학생들, 가족여행을 온 사람들, 남해로 시집을 온 신혼부부들이 남해대교 앞에 서서 웃고 있는 색 바랜 옛 사진을 볼 수 있다. 각자의 사연이 담긴 사람들에게 남해대교가 얼마나 커다란 의미였는지 알 수 있을 것 같다. 통창 너머로 보이는 남해대교와 사진 속 색 바랜 남해대교를 번갈아 보고 있으면 형용하기 어려운 아련함이 스민다. 옛 흔적을 모아 간직하고 있는 남해각의 탄생을 보며 잊혀가는 것들을 계속 기억하려는 노력이 얼마나 아름다운지를 느끼게 된다.

윤슬이 아름다운 바다

남해를 생각하면 가장 먼저 떠오르는 건, 바다. 바다 중에서도 윤슬이
아름다운 남해의 바다는 머릿속에 잔상이 남아 오래도록 잊히지 않는다.
해안도로를 따라 목적지로 달리던 길, 유독 아름다웠던 바다를 만났다.
우리나라에서 본 적 없는 티 없이 맑은 에메랄드빛 바다 위로 별빛 같은
것들이 끊임없이 반짝이고 있었다. 계속 바라보고 있으면 눈이 시려 눈물
이 날 것 같은 아름다움에 이끌려 바닷가 앞에 차를 세웠다. 느긋하게 부
는 바람에 맞춰 가까운 듯 먼 듯 맑은 물결 소리가 끊임없이 이어지는 조
용한 듯 소란스러운 바닷가. 햇살은 따뜻하고 바람은 부드럽고 파도소리
는 영롱하니 바라보고 있으니 마음까지 깨끗해진다. 그렇게 둑 위에 걸터
앉아 하염없이 시간이 흘러가게 두었다.

작가가 알려주는 윤슬 사진 예쁘게 찍는 팁

윤슬은 햇빛이나 달빛에 비쳐 반짝이는 잔물결을 말하는 순 우리나라 말이다. 햇볕이 떨어지는 물 표면 위에서 쉽게 발견할 수 있는데, 윤슬은 바다가 아니더라도 호수, 개울 등 물 어디에서든 발견할 수 있다. 윤슬을 볼 수 있는 날은 태양이 강렬한 날, 빛을 가리는 안개나 황사가 없는 날이어야 하고, 윤슬 사진을 쉽게 찍기 위해서는 바람이 많이 불지 않는 날, 바다라면 만조의 바다여야 한다.

📷 휴대폰으로 담아보기

눈으로 보이는 대로 윤슬을 담을 수 있지만, 영롱하고 반짝이는 윤슬을 극대화해서 찍어보는 것도 다른 재미가 있을 것이다.

- 프레임 안에 가득 차도록 확대해서 찍어보자. 마냥 넓게 찍기보다 화면 가득 차게 찍게 되면 멀리 보이던 바다와 물결이 눈앞으로 다가오면서 주제가 명확해지고 시선을 사로잡게 된다. 손가락으로 확대, 축소를 하면서 프레임 안에 내가 넣고 싶은 것들만 넣어보자.
- 윤슬을 배경으로 실루엣 사진을 찍어보자. 해가 강한 날에 볼 수 있는 모습이기 때문에 윤슬을 등지고 사람이 나오는 사진을 찍으려면 얼굴이 상대적으로 어두워 보일 수 있다. 앞모습보다는 옆모습이나 뒷모습으로 실루엣만 담아보자. 실루엣 사진을 찍을 때는 얼굴의 옆선이 나오면 더 예쁜 사진이 될 수 있다. 옆모습을 담을 때는 얼굴의 옆선이 잘 나오게, 뒷모습이 나올 때는 고개만 옆으로 살짝 돌려주어 옆선을 담아보자.

- 휴대폰 아웃포커싱 기능을 사용해보자. 휴대폰에도 아웃포커싱 기능이 있어서 카메라 아웃포커싱 같은 느낌을 줄 수 있다. 윤슬 앞쪽으로 중심이 되는 인물이나 사물을 배치하여 초점을 맞추면 주변부는 아웃포커싱 되면서 흐릿해지는데, 이때 흐릿해지는 윤슬을 통해 감성적인 효과를 줄 수 있다.

📷 카메라로 담아보기

- 아웃포커싱을 통한 보케를 활용하자. 바다만 담는 것보다 앞에 인물이나 사물에 초점을 맞추고 윤슬을 보케화하게 되면 더 몽글몽글하고 감성적인 사진을 담을 수 있다. (보케란 흐릿함을 뜻하는 의미로 아웃포커스 된 부분에 생기는 빛방울을 말한다)
- 최대한 조리개가 낮은 렌즈를, 광각보다는 망원 렌즈를 선택하자. 조리개가 낮은 렌즈일수록, 망원 렌즈일수록 윤슬이 동그랗고 커다랗게 보인다. 윤슬을 극적으로 보이기 위해 원하는 조리개와 화각의 렌즈를 선택하자.
- 후보정을 고려해 살짝 어둡게 촬영하자. 해가 강렬한 시간대이기 때문에 조리개를 최대 개방하거나 무조건 밝게 찍을 경우 하이라이트 부분이 날아가

면서 사진에 화이트홀이 생길 수 있다. 후보정을 고려해 살짝 어둡게 촬영하고 JPG보다는 RAW파일로 촬영하자.

- 원하는 감성에 따라 시간대를 선택하자. 에메랄드빛 파란 바다색을 원한다면 해가 지는 시간대가 아닌 해가 뜨는 시간대부터 정오를 선택한다. 이때의 바다색은 후보정을 많이 하지 않아도 맑은 바다색을 구현해낼 수 있다. 해가 지기 전의 윤슬이라면 바다색보다는 일몰 빛이 훨씬 강하기 때문에 파란 바다보다는 주홍빛 바다색으로 보일 것이다.

- 크로스 필터를 활용해보자. 크로스 필터를 이용해 동그란 빛망울이 아닌 길게 갈라지는 빛을 표현해보자. 렌즈에 따라, 윤슬을 가까이 혹은 멀리 찍는 것에 따라 빛이 갈라지는 모양이 모두 다르기 때문에 다양하게 촬영해보면서 자신만의 감성을 찾아내보자. 크로스 필터가 없어도 조리개를 조인다면 빛이 갈라지는 효과를 낼 수는 있지만, 사진이 어두울 수 있다. 참고로 크로스 필터는 휴대폰 카메라 렌즈에 대고 사용해도 비슷한 효과가 나온다.

오색빛 두모마을

두모마을을 가장 기다리는 때는 노란 물결이 다랭이논을 가득 채우는 유채꽃이 만발하는 봄이다. 이 넓고 깊은 골짜기에 층층이 쌓인 노란 물결을 보고 있으면, 내 마음도 노랗게 동화된다. 유채꽃 위로 큰 벚나무들이 때맞춰 꽃을 피워 준다면 옅은 핑크빛과 노란빛의 향연을 마주할 수 있다. 수채화처럼 물든 풍경을 보고 있으면, 자연에 대한 경이로운 마음이 든다.

여름에는 한편에 코끼리마늘꽃이 자란다. 이름도 신기한 코끼리마늘꽃은 생긴 것도 신기하다. 곧은줄기 끝에 달린 동그란 수술들이 하나의 꽃이 되는데, 마치 요술봉처럼 생겼다. 키도 나와 비슷해서 코끼리마늘꽃밭에 숨으면 내가 잘 보이지 않을 정도이다. 꽃밭에서 진동하는 마늘향을 맡는 특이한 경험은 덤이다.

가을에는 메밀꽃이 하얀 물결로 다랭이논을 가득 채운다. 봄의 발랄함과 다른 가을의 차분함이 두모마을에 내려앉는다. 때마다 다른 꽃을 피워내는 풍경을 떠올려보니 두모마을의 다랭이논은 사계절이 오색 빛으로 찬란하다.

작가가 알려주는 두모마을에서 사진 찍는 팁

- 타이밍이 좋다면 벚꽃과 유채꽃이 함께 피는 풍경을 마주할 수 있다. 두모마을의 초입에 흐드러진 벚꽃과 유채꽃을 함께 담아보자.
- 벚꽃으로 프레임을 만들어보자. 벚꽃 사이로 프레임을 만들어 노란 유채꽃을 벚꽃 안에 들어오도록 촬영해보자. 이때 촬영자는 언덕 위에서 촬영해야 용이하다.
- 두모마을을 넓게 담아보자. 두모마을의 유채밭 안쪽까지 들어가 보자. 유채꽃밭과 멀리 보이는 바다를 크게 담게 되면, 다른 곳과 차별화되는 남해 두모마을에서의 사진을 만들 수 있다.
- 멀리에서 확대해서 담아보자. 가까이에서 기본 화각으로 담는 것보다 멀리 이동해서 확대해서 담게 되면 공간의 압축감이 사진에 담기게 된다. 주변의 어지러운 것들은 제거되고 원하는 것만 프레임에 넣음으로써 사진의 주제성과 집중도가 높아지며 꽃이 훨씬 더 많아 보이게 된다.
- 마을의 벽을 활용하자. 마을의 벽들이 알록달록 칠해져 있어 귀여운 포토존이 된다. 아기자기한 마을을 배경으로 촬영을 해보자.

조도호 타임머신

미조항에서 단 10분이면 다녀올 수 있는 '조도.' 섬 여행은 물론 가벼운 트레킹도 가능하다는 얘기를 듣고 친구들과 함께 조도를 다녀오기로 했다. 하늘에서 바라보면 새를 닮았다고 하여 지어진 이름인 조도. 작은 섬인데도 불구하고 큰 섬과 작은 섬, 각각 하나씩 항구가 있다. 트레킹을 위해서는 두 개의 항구 중 어디에서 내려야 하는지도 모른 채 우리는 무작정 배에 몸을 실었다. 배가 출발하기 시작하자 그저 배 위에 있다는 것만으로도 기분이 좋아지기 시작했고, 시원한 바닷바람을 맞으며 놀다 보니 금세 첫 정착지에 도착했다.

큰 섬인 여기에서부터 트레킹을 하면 된다는 선장님의 이야기에 일단 내렸다. 주위를 둘러보니 항구에는 매표소 같은 곳도 없었고, 트레킹을 위

한 안내 표지판은 고사하고 공사만 한창이었다. 이 작은 섬의 초입에서부터 길을 헤매기 시작했다. 해결사 같았던 인터넷 지도 이곳에서는 무용지물이었다. 분명히 트레커들을 위한 나무데크가 있다고 했는데, 어디에도 보이지 않았다. 마침 바닷가에서 수영하는 사람들에게 물으니 오히려 트레킹에 대한 정보를 우리가 알려줘야만 할 것 같은 표정이었다. 조용한 펜션 문을 두드려 단잠에 빠진 주인분을 깨워 여쭤었다.

알려주신 길로 가보니 수풀이 무성하게 자라 길을 집어삼키고 있었다. 길인지 아닌지도 헷갈리는 지경이었다. 마치 영화에서 보았던 미지를 탐험하는 여행가가 된 것 같아 재밌기도 하면서, 한편으로는 그런 영화들은 결말이 별로 좋지 않았다는 생각에 덜컥 겁이 나기도 했다. 혼자였다면 도

전조차 하지 않았을 것 같은 그 길을 헤쳐 가며 일단 걸어보기로 했다. 한 명만 걸을 수 있을 정도로 좁은 길이어서 일자로 행진을 해야 했다. 씩씩한 선두가 앞장서서 걷기 시작했다. 친절하게도 중간중간 밧줄이 있어서 밧줄을 잡고 걸을 수 있었다. 형태도 보이지 않았던 길에는 서서히 사람들의 흔적이 보이기 시작했고, 어느덧 바다 쪽으로 펼쳐진 전망대 같은 곳에 다다랐다. 남해에서 배를 타고 고작 10분 정도밖에 떨어져 있지 않은 섬인데, 이곳은 자연 그대로의 모습을 더 보존하고 있는 것 같았다. 훨씬 맑고 깨끗한 물색과 뻥 뚫린 바다의 풍경을 보고 있으니 가슴 한가운데로 시원한 바람이 지나는 기분이었다. 다행히 전망대에서 작은 섬까지는 걷기 편하게 길이 잘 정돈되어 있었다. 작은 섬 항구에 다다르니 마을들이 보이기 시작했다. 사람이 살고 있는 흔적들을 보니 이제야 마음이 놓였다.

뜨거운 여름의 열기와 긴장으로 땀범벅이 된 우리는 마을 평상에 대자로 누워 눈을 감고 각자의 방법으로 더위를 식혔다. 시원한 바닷바람은 집에서 쐬던 선풍기 바람보다 시원했다. 눈을 감고 있으니 그대로 잠에 빠져들 것만 같은 달콤한 노곤함이 몰려들었다. 마을을 지키는 큰 나무 아래에서 이야기를 나누시는 마을 어르신, 그 주위를 맴돌고 있던 고양이 한 마리, 그리고 평상에 대자로 뻗어 있는 우리. 그 외에는 조도의 풍경밖에 없었다.

얼마나 지났을까, 다음 배가 항구에 다다랐다. 우리는 배를 놓칠까 싶어 허겁지겁 배에 올랐다. 시계를 보니 섬에서 머문 시간은 불과 몇 시간밖에 되지 않는데, 체감상 반나절은 넘게 섬 안에서 헤맨 것 같았다. 배를 타고 10분 만에 10년 전의 섬으로 시간 여행을 다녀온 기분이다. 우리가 탔던 건 어쩌면 조도호 타임머신이 아니었을까.

앵강다숲의 선물

　남해의 왼쪽과 오른쪽을 연결하는 길목의 중심에 위치한 앵강다숲. 남해를 여행하다 보면 의도하지 않아도 숱하게 지나가게 되는 곳이다. 그러다 보니 신전앵강다숲은 자연스럽게 알게 되었다. 우거진 나무들이 만들어놓은 그늘을 따라 걸어 들어가면, 어서 오라는 듯 나뭇잎들이 바람에 부서지는 소리가 가득하다. 지저귀는 새들과 첨벙대는 파도소리와 나뿐인 평화로움에 머릿속 잡념들도 이 순간만큼은 입을 꾹 다문다. 앵강다숲은 고요의 숲이다.

　앵강다숲이 일 년에 한 번, 화려한 옷으로 갈아입을 때가 있다. 바로 붉은 꽃무릇이 피는 가을의 초입이다. 꽃무릇이 피는 풍경을 두 눈으로 직접 보고 싶은 마음에 몇 번의 계절을 넘고 이곳의 문턱을 넘나들었는지 모른다.

어느 날, 안부를 묻듯 찾아온 숲에 안내문이 생겼다. '캠핑장 조성을 위한 공사.' 조용하던 숲에 덩치 큰 포클레인이 자리를 잡았다. 꽃무릇이 피는 때가 이제 얼마 남지 않았는데, 한창 공사 중이라니! 꽃무릇이 피는 풍경은 이제 과거가 되겠구나 싶었다.

2주 뒤 다시 찾은 남해는 나에게 뜻밖의 선물을 주었다. 혹시나 하고 다시 찾아간 앵강다숲에는 마치 누가 와서 심은 것처럼 붉은 카펫이 펼쳐져 있었다. 꽃무릇의 수술 끝은 빛이 닿아 영롱하게 반짝이고, 짙고 푸른 상수리나무와 붉은 꽃무릇의 대비는 마음을 홀리기에 충분해 보였다. 붉은 꽃무릇 너머로 파란 바다도 걸쳐져 보인다. 마치 소중한 것을 잃어버렸다가 되찾은 것처럼 아찔했다.

언제든 다시 잃어버릴 수 있을 풍경이라는 생각에, 카메라에 이 순간을 성실히 담았다. 소중하게 여기는 것들을 오래도록 기억하고 싶은 마음으로, 꽃무릇이 피는 앵강다숲의 고마운 풍경을 한참 동안 담고, 또 담았다.

봄바람이 일렁이는 남해.

예쁘다, 좋다라는 말로 가득 채워진 하루하루.

한순간 한순간을 놓치지 않으려고 노력하지만, 우리는 흘러가는

시간 속에 살고 있기 때문에 아쉬움이라는 감정은 어쩔 수 없다.

그저 아쉬움이라는 감정이 덜 남도록 순간에 최선을 다하는 수밖에.

강아지가 안내하는 동화 속 정원

"산들 씨가 좋아하는 수국이 많으니까 꼭 가 봐요."

여름의 남해를 다녀보고 좋았던 건 서울에서 흔하게 볼 수 없는 수국을 길거리에서 쉽게 마주할 수 있다는 것이다. 통통하고 보슬보슬하게 생긴 길거리의 수국만 보면 사진을 찍던 나를 기억한 게스트하우스 사장님이 섬이정원을 가보라며 추천해주셨다. 2016년의 여름이었다. 이제 막 오픈했다는 섬이정원은 수년간 사장님이 홀로 가꾼 정원이라고 한다. 지도를 보니 숙소와 멀지 않아 보였고, 금방 다녀오겠다 싶어 가볍게 숙소를 나섰다.

큰길에서 '섬이정원'이라는 팻말이 보였다. 생각보다 가깝겠다는 생각을 하며 룰루랄라 언덕을 올랐다. 뒤돌아보니 멀리 남해의 바다도 보이고,

한쪽으로는 다랭이밭도 보였다. 사람의 왕래도 차도 없던 숲길에서 들리는 소리는 산새들 소리뿐이었다. 한창 풍경 감상을 마치고 나니 이 정도면 입구가 나올 법한데 걷고 걸어도 입구가 나오지 않았다. 그렇게 한참을 걸어 온몸이 땀범벅이 되어 도착하고 나니 사장님이 손에 쥐어준 얼음물의 의미를 이제야 알 것 같았다. 이 얼음물이 아니었다면 포기하고 숙소로 돌아갔을지도 모르겠다. 그렇게 나의 첫 섬이정원은 한여름의 볕을 그대로 맞으며 숲길을 걸어갔던 기억으로 생생하다.

이제 막 오픈한 곳이라서 그런지 사람들의 인기척은 어디에서도 들리지 않았다. 산속 깊은 곳에 예쁘게 가꿔진 정원이었지만, 어쩐지 무서운 생각이 들던 찰나 문 입구에서 강아지 두 마리가 나를 반겼다. 두 마리 강아지와 함께 섬이정원으로 들어갔다. 짙은 여름의 따사로운 햇살을 그대로 받은 화사한 꽃들이 만발이었다. 졸졸졸 물이 흐르는 작은 호수와 아담한 돌길, 그리고 곳곳에 벤치가 놓여 있었다. 햇살을 가려주는 울창한 나무가 많아 점점 더위도 식기 시작했다.

하얀 인절미 같은 활발한 두 마리의 강아지는 앞서거니 뒤서거니 하며 내 주위를 계속 맴돌았다. 앞장을 서서 길을 안내해주기도 하고, 잠시 풍경을 보고 있으면 그늘 아래에 누워 나를 기다려 줬다. 삼각대를 놓고 혼자 사진을 찍으려고 하자 두 마리의 강아지가 마치 함께 찍자는 것처럼 나에게 다가왔다. 그렇게 셋이서 사진도 찍었다. 정원을 걷다 보니 드디어 내가 그렇게 원하던 수국이 보였다. 그날 섬이정원에서 만발한 수국을 보았지만, 내 기억에 남는 건 수국보다는 나와 함께 해주던 강아지들이었다. 내 마음을 읽는 것 같은 강아지들 덕분에 마치 나는 동화 속에 들어와 있는 것 같았다.

　6년이 지나고 섬이정원을 다시 찾게 되었다. 그때처럼 두 마리의 강아지가 나를 반겨주지 않을까 내심 기대를 하면서. 아무리 둘러보아도 보이지 않는 강아지를 찾아 섬이정원을 돌아다니다가 드디어 한 마리를 보게 되었다. 반가운 마음에 한걸음에 달려갔는데, 누워서 나를 흘끔 보더니 다시 누워 남은 잠을 마저 청했다. 그동안 섬이정원을 찾은 사람들을 안내하는 게 힘들었던 모양인지, 시간이 많이 지난 탓인지, 어쩐지 흘러 가버린 시간이 야속하게 느껴졌다. 강아지들의 시간만큼 나에게도 많은 시간이 스쳐 지나갔음을 느끼고 나니 마음 한구석이 쓸쓸해졌다.

작가가 추천하는 남면&이동면의 꼭 가볼 곳

섬이정원

경남 남해군 남면 남면로 1534-110
매일 10:00 - 18:00

    남해 바다가 내려다보이는 곳에 만들어놓은 유럽식 정원인 섬이정원은 남해 최초 민간정원이다. 사장님이 10년 동안 직접 가꿔 만든 공간으로 푸른 정원과 알록달록한 꽃이 다채롭게 피고 다양한 포토존이 있어 많은 사람의 사랑을 받고 있다. 아무것도 몰랐던 나는 뚜벅이로 섬이정원을 다녀왔지만, 걸어서 가기에는 먼 거리이기 때문에 차량을 이용하는 것이 좋다. 무인으로 운영되고 있지만, 종종 아직도 직접 정원을 가꾸고 계신 사장님을 만날 수도 있다.

🪧 B급 상점

경남 남해군 남면 남면로 66번길 41
11:00 – 18:00, 화요일 휴무

내가 남해를 오기 전보다 더 오랜 시간 동안 남해와 함께한 잡화점이 있다. 그 당시에 카페와 편의점은 지금보다 찾기 더 힘든 때였다. 카페를 찾아 남해를 돌아다니던 중 이곳이 카페인 줄 알고 들어온 적이 있었다. 다섯 명이나 되는 우리에게 얼음을 동동 띄운 아이스티를 내어주신 사장님. 아직까지도 그 마음을 잊지 못하고 있다. 남해를 추억할 수 있는 다양한 소품들과 잡화 등을 구매할 수 있다. 남해에서 살고 있는 아티스트들과 협업하여 만든 다양한 소품들도 판매하고 있다.

🪧 카페 그로운

경남 남해군 남면 남면로 98
매일 10:00 – 19:00

월, 화요일이 되면 남해 카페의 대부분은 휴가를 즐긴다. 그리고 카페인이 부족한 우리는 카페 찾아 삼만리를 떠나게 되는데, 매일 문을 열어주시는 감사한 카페

가 있다. 카페 마당에는 유아풀장이 있는 이색적인 카페. 한쪽에서는 귀여운 고양이들이 일광욕을 즐기기도 한다.

🪧 난향

경남 남해군 이동면 남서대로 195
08:00 – 14:00, 수요일 휴무

오후 2시면 문을 닫는 칼국수 집이 있다. 영업시간만 보더라도 맛집 느낌이 느껴지는 난향은 걸죽한 황태 칼국수를 판매한다. 남해에서 해장이 필요하다면 이만한 해장은 없을 것이다.

🪧 앵강마켓

경남 남해군 남면 남서대로 772
매일 11:00 – 17:00, 임시휴무 인스타그램 별도 공지

고즈넉한 분위기가 넘치는 카페 겸 기념품샵이다. 고급스러운 패키징의 남해
특산품들을 판매하고 있다. 멸치, 다시다, 김 등 선물용으로 손색이 없다.

📍 백년유자

경남 남해군 남면 남서대로 768
매일 10:00 – 17:40

    남해에서 유자나무를 쉽게 볼 수 있지는 않지만 남해는 유자가 유명하다는 사실! 남해의 유자로 만든 유자청으로 유자차로 먹기도 하고, 유자에이드로 먹을 수 있다. 시음으로 먼저 맛을 보고 나면 떠날 땐 아마도 두 손 무겁게 갈 수밖에 없을 것이다.

남해의 하루하루가 너무 좋아서 서울에서 보낸 나의 모습은
기억이 나지 않을 정도이다. 마치 남해에서 나고 자란 사람 같은 느낌이랄까.
예정된 시기라면 벚꽃이 다 질 것이라는 예상과 달리 벚꽃 비가 흩날리는
요즘. 남해에 하루 더 머물러야 하는 핑곗거리를 이렇게 만들어본다.

작가가 추천하는 남해의 수국 포인트

따뜻한 남쪽 동네인 남해에서도 많은 수국을 볼 수 있다. 대개 6월 중순부터 피기 시작하는 수국은 7월 말 정도까지 볼 수 있다. 다른 지역과 달리 수국의 큰 군락은 볼 수 없지만, 남해에서 즐길 수 있는 남해 수국의 풍경을 담을 수 있는 3곳을 소개한다.

섬이정원의 수국

섬이정원의 수국은 길을 안내하듯 잘 정돈되어 피어있다. 토양의 산도에 따라 색이 다르다는 수국. 이곳의 수국은 대개 파란빛이다. 섬이정원의 구석구석을 산

책하다 보면 숲길을 따라 산수국도 볼 수 있다.

다랭이 마을의 수국

남해 다랭이 마을에는 길을 따라 피어난 수국들이 길을 안내한다. 대개 언덕 아래를 내려가야 수국을 볼 수 있어서 무더운 날씨를 이겨내야만 만날 수 있는 풍경이다. 그 길의 끝에는 바다가 닿아있어 마치 바다로 가는 꽃길처럼 보인다. 이곳의 수국은 대개 진한 분홍빛이다.

용문사의 수국

미국마을 안쪽으로 깊숙이 들어가다 보면 용문사라는 절을 마주할 수 있다. 이곳의 수국들은 산을 배경으로 펼쳐져 있다. 절 안쪽으로 산 중턱에 피어난 산수국들은 사람들의 왕래도 없는 조용한 산길을 따라 무심히도 탐스럽게 열려있다.

고사리가 유명하다는 남해. 무작정 고사리밭이 있다는 남해 창선면으로 향했다. 내비게이션이 안내하는 곳에 다다르니 나무가 몇 그루 없는 봉긋한 언덕들이 눈에 띈다. 가까이에 가서 보니 언덕은 발 디딜 틈도 없이 온통 고사리로 가득 채워져 있었다. 어렸을 때 보았던 긴 줄기의 돌돌 말린 잎이 아닌 넓죽한 세모 모양의 넓은 잎의 고사리였다. 수확시기가 지났는지 무성한 고사리 풀이 온 언덕을 덮고 있었다. 예전에 왔을 때는 푸른 동산이 아니라 황갈색의 산이었고, 이 동산은 그저 황폐한 민둥산인 줄 알았는데 고사리밭이었다는 사실을 이제야 알게 되었다. 산 중턱에서 꼭대기까지 이어진 도로를 보니 이 길을 따라 올라가서 보면 더 잘 보일 것 같다는 생각에 그 길을 따라 운전하기 시작했다. 함부로 올라가

227

면 안 되는 길이었는데, 잘못된 판단을 했다는 사실을 깨달은 건 얼마 지나지 않아서였다.

산길치고 잘 갖춰진 도로라고 생각했는데, 어째서인지 산 중턱까지 오르면 오를수록 그 도로는 점점 좁아지기 시작했다.

'농로인가? 도로가 아니었나? 차로 올라갈 수 없는 길이었을까?'

길이 좁아지면서 머릿속에 오만가지 생각이 들기 시작했다. 바퀴가 조금만 헛디디면 산 아래로 굴러떨어질 듯 아슬아슬했다. 후진하기에는 이미 늦었고, 오로지 앞으로 직진하는 수밖에 없었다. 운전석과 반대인 낭떠러지 쪽 바퀴들은 체감상 이미 낭떠러지에 걸쳐져 있는 것 같았다. 지금이라도 밖으로 나가 누군가에게 도움을 요청해야 할까 싶었지만, 언덕과 바짝 붙어버린 운전석 문은 열릴 틈도 없었다. 얼굴은 점점 노랗게 변하고 하늘도 노랗게 변하기 시작했다. 심장은 쿵쾅쿵쾅 빠르게 달리기를 하고, 핸들을 꼭 잡은 두 손에는 땀이 나기 시작했다. 지금 여기에서 떨어지면 누군가 나를 구하러 올 수는 있을까, 그놈의 고사리가 뭐라고 이 고생을 하는 걸까, 울며 겨자 먹기로 조금씩 전진하던 그때 드디어 차를 간신히 돌릴 수 있는 작은 공간이 나왔다.

우선 차를 대충 돌려놓고 차 밖으로 나와서 크게 숨을 들이마셨다. 그제야 언덕 위에서 고사리밭 풍경이 보이기 시작했지만, 다시 내려가야 한다고 생각하니 이게 고사리밭인지 낭떠러지 밭인지 감상할 겨를도 없었다. 숨을 돌리고 외다리처럼 느껴지는 그 길을 조심조심 내려갔다. 내려가는 길은 그나마 운전석 쪽이 낭떠러지였길 다행이었다. 다시는 고사리밭에 오지 않겠노라며 뒤도 돌아보지 않고 그곳을 벗어났다.

1년이 지났나, 인간은 망각의 동물이라고, 그날 미처 보지 못한 풍경이 못내 아쉬워 남해에 사는 친구와 다시 한 번 그곳으로 향했다. 이번에는 차를 언덕 아래에 두고 걸어서 올라가기로 했다. 몇 그루 없는 나무 아래에서 뜨거운 볕을 피해 쉬다가 올라가는데도 한여름의 태양에 아이스크림이 녹아버리는 듯 땀이 주룩주룩 흘렀다. 산 중턱에 다다르니 무더운 여름의 열기를 온몸으로 맞아내고 있는 고사리 평원이 한눈에 보이기 시작했다. 텔레토비가 나오는 꼬꼬마 동산을 닮은 푸릇푸릇하고 둥그런 동산, 그 고사리 동산 너머로 남해 바다가 펼쳐져 있었다. 고사리밭의 풍경은 이전까지 내가 보던 산의 풍경과는 전혀 달랐다. 이국적인 평원의 풍경은 마치 다른 나라에 와 있는 듯했다. 풀벌레 소리와 새소리, 친구와 나의 발소리와 숨소리뿐 아무 소리도 들리지 않는 고요함과 이 세상에 마치 고사리와 우리뿐인 것 같았다. 그렇게 한참을, 고요한 고사리밭에서 한여름의 고사리 산림욕을 즐겼다. 그때 먼 산에서 도로를 따라 질주하던 흰 트럭이 우리 앞에 멈춰 섰다. 남해에서 만나는 어르신들의 첫 질문은 항상 같았다.

"어디에서 왔는가?"

어디에서 왔는지, 어떻게 오게 되었는지 고사리밭에 대한 감상을 늘어놓고 나니 어르신도 즐거우신 듯 이야기를 꺼내신다. 이 넓은 밭에 있는 고사리들을 모두 두 손으로 직접 따신다며 수확철이 되면 항상 일손이 부족하시다는 이야기를 들으니, 나중에는 수확철에 맞춰 고사리를 따러 와야 하나 싶다. 트럭의 창문 사이로 대화를 주고받은 후 고사리밭을 다시 보고 있으려니, 고사리밭 풍경 너머로 담긴 고된 노동의 시간들이 함께 겹쳐져 보였다. 이 넓은 동산에 있는 고사리들을 어느 세월에 다 따는가

싶었다. 생각만 해도 허리가 지끈거렸다.

지나간 트럭의 뒷모습을 보면서 작년에 이 길에서 혼자 고군분투했던 내 모습이 떠올랐다. 트럭도 다니는 걸 보니 차가 다니는 길은 맞는가 싶지만, 두 번 다시는 차를 끌고 올라오지 않을 것이다. 하지만 1년이 지난 후에 다시 고사리 언덕을 찾아온 것처럼, 다음 해가 되어도 고사리밭을 다시 찾아오고 싶을 것 같다는 생각이 든다. 그때는 이 긴 고사리 언덕을 두 발로 온전히 걸어보고 싶다.

남해 고사리와 고사리밭길

남해의 특산품 중 하나인 남해 고사리. 따듯한 기후와 해풍을 맞고 자라 맛과 식감이 일품이라고 한다. 국내 총생산량의 30퍼센트가 이곳 남해에서 나올 정도로 남해는 고사리의 최대 산지라고 할 수 있다. 남해 고사리밭을 제대로 보길 원한다면, 남해 바래길 4코스인 '고사리밭길'을 걸어보는 걸 추천한다. 총 거리는 15.4km, 걷는 시간은 6시간 30분 내외의 길로 쉽지 않은 코스이지만, 남해 고사리 언덕을 올라 바라보면 이전에는 본 적 없는 새로운 풍경을 마주할 수 있을 것이다. 물론 나도 앞으로 도전해보고 싶은 코스이다.

1차선 도로

어느 날, 느리게 달리는 트럭 뒤를 따라가고 있었다. 그 차와 나의 간격
이 서서히 가까워지기 시작하자 트럭은 비상등을 켜고 살짝 공간을 내어
주며 먼저 가라고 손짓을 하는 것이 아닌가. 갓길에 차를 세워야 하는 상
황인가 싶었는데 백미러로 트럭을 보니, 나를 양보해주고는 다시 차선 안
으로 들어와 느긋하게 달리고 있었다. 양보하는 마음에 놀라고, 제 속도
로 달리는 것을 보고 또 놀랐다. 가끔 뒤에서 바짝 쫓아오는 차가 있으면
무언의 압박처럼 느껴져, 나도 모르게 속도를 올리던 걸 떠올리면 더욱
놀랄 수밖에. 뒤에서 밀고 들어오는 차들이 있어도 제 속도로 달리는 트
럭이 멋있게 느껴졌다.

그 트럭을 마주한 후로는 이제 나도 서두르지 않기로 했다. 내 뒤로 바

짝 쫓아오는 차가 있을 때는 비상등을 켜고 뒤차가 먼저 갈 수 있도록 길을 양보한다.

"먼저 가세요."

앞질러 가는 뒤차의 깜빡이는 비상등이 고맙다는 인사처럼 느껴진다.

무리해서 속도를 내지도 않고, 서두르지 않기. 이렇게 길 위에서 내 속도를 찾아간다.

능소화가 여름을 이겨내는 방법

'능소화가 이제 다 지는구나.'

돌담 너머 주렁주렁 능소화가 늘어지게 피는 어느 집이 있다. 공기가 눅눅해지는 계절이 되면 찾아오게 되는 곳인데, 늦게 온 건지 꽃들이 바닥으로 툭툭 떨어져 있다. 긴 여름을 남기고 꽃이 지는 아쉬운 마음을 유독 무덥다는 올해의 날씨 탓을 해본다. 몇 주가 지나 우연히 그 길을 지나가고 있는데 분명 지고 있던 능소화가 다시 돌담 너머 싱싱하게 피고 있다. 다시 피기 시작한 능소화가 그저 반갑다. 한번 피기 시작하면 초가을이 올 때까지 피고 지기를 반복한다는 능소화. 아무래도 뜨거운 계절을 견뎌내기에는 이 방법도 나쁘지 않아 보인다. 길고 무더운 여름 동안 피고 지며, 제 방식대로 이 무더위를 견뎌내는 능소화를 보며 더위에 늘어진 나도 기지개를 펴본다.

해안도로가 시원하게 뻥 뚫린 강진만 해안도로를 따라 달린다. 내비게이션이 안내하는 빠른 길은 무시한 채 한쪽에 바다를 끼고 계속 달린다. 어느 계절에 오는지, 어느 시간대에 오는지, 매번 바뀌는 풍경을 느긋하게 감상하기 좋은 길이다. 바닷물이 삼키면 섬이 되고, 바닷물이 뱉으면 길이 되는 곳이 여럿이다. 한참을 달리다 보니 그 길의 끝. 바닷가에 털 달린 동물이 숨을 죽이고 웅크리고 있는 것 같은 섬 하나가 눈에 들어온다. 유연한 곡선의 길이 이리로 오라며 손짓하는 것 같아 조심스럽게 발길을 뗀다. 아직 곳곳에 작은 물웅덩이가 보이는 걸 보니 바닷물이 뱉어낸 지 얼마 되지 않은 길인 듯하다. 이 길이 바닷속 안에 잠겨 있었던 걸 상상하니 내딛는 한 걸음, 한 걸음이 신비롭다. 걸을 때마다 새하얀 굴껍질들이

241

부딪히며 나는 차랑차랑한 소리가 바다 한가운데에 울려 퍼진다. 청량한
그 소리가 좋아 굴껍질만 찾아 걸으니 낙엽을 밟는 듯 바스라진다. 눈이
부셔 아릿하게 기억하는 새하얗던 그 길. 다시 찾아가니 바닷물이 삼키고
있는 그 길. 내가 기억하던 그 순간이 꿈결이었나 싶다.

남해에 반하다

경남 남해군 설천면 강진로 206번길 54-20
10:00 – 19:00, 수요일 휴무

하루에 두 번, 바닷길이 열리는 문항 어촌체험마을은 갯벌 체험을 위해 많은 사람이 찾는다. 이 사람들에게 없어서는 안 될 편의점이 있다. 갯벌체험을 마치고 즐거운 요깃거리를 제공해주는 이곳은 각종 과자와 음료, 컵라면 등을 판매하고 있고 직접 잡은 수산물도 판매한다. 이곳에서 얻을 수 있는 현지 해산물을 이용해 직접 해물라면을 끓여 먹을 수 있다. 바지락, 문어, 홍합, 전복, 가리비가 들어간 해물라면은 지금까지 맛본 해물라면 중에서 가장 맛있었다. 4월 말부터 11월 말까지는 석화찜과 가리비찜, 7월 말부터 10월 말까지는 바다를 보며 새우소금구이를 먹을 수 있다. 맛도 좋고 풍경도 좋으니 친구들이 놀러 오는 날이면 자신 있게 데리고 가게 되는 곳이다. 남해에서만 볼 수 있다는 가재류인 '쏙'으로 만든 쏙튀김도 맛볼 수 있다. 찜, 구이, 쏙튀김을 먹기 위해서는 방문하기 전에 미리 예약하는 게 좋다.

다랭이 마을의 연륜

햇볕이 뜨거운 7월이었다. 친구들과 함께 온 남해 여행, 차 문을 열자마자 물을 머금은 공기가 온몸을 끌어안았지만, 여행 코스에서 다랭이 마을을 빼놓을 수는 없었다. 주차장에서 내려다보이는 다랭이논과 바다의 풍경. 바다로 더 가까이 가보고 싶은 마음에 주저 없이 다랭이 마을 안으로 들어갔다.

뜨거운 태양에 땀이 맺히다 못해 관자놀이를 따라 목 뒤, 등까지 타고 흘렀다. 바다가 조금씩 가까워질수록 시원한 바닷바람이 불어왔다. 바다에 가까이 갈 수만 있다면 이 무더위가 씻겨 내려갈 것 같아 닿을 수 있는 가장 끝까지 내려갔다. 사람들의 발자국이 만들어놓은 길을 따라 커다란 거북이 등껍질 같은 바위에 닿았다. 금방이라도 제 갈 길을 가지 않을까, 조심스럽게 발걸음을 내디뎠다. 바위에 부딪치는 파도소리에 놀라 뒤돌아본, 다랭이 마을의 풍경이 위에서 보이는 것과 다르게 보였다. 그건 마을이 아니라 산이었다. 얼마나 오랜 시간을 겹겹이 쌓아온 걸까. 나무의 단면을 잘라낸 나이테처럼 보이는 다랭이논에, 시간의 연륜이 쌓여 보였다.

용기가 필요한 날엔 보리암에서 일출을

알람은 늘 5분 간격으로 여러 개를 맞춰둔다. 아침잠이 많은 편이라 잘 일어나지 못하는 탓이다. 해가 뜨기 1시간 전, 알람 소리에 간신히 몸을 일으키려다 잠시 고민에 빠진다. '그냥 더 잘까?' 잠의 유혹을 물리치고 최대한 느릿느릿 몸을 움직여 나갈 채비를 한다. 문을 열자마자 누군가 얼음물을 뿌린 기분이다. 캄캄한 도로를 달려 보리암으로 올라가는 길은 가로등이 하나도 없어 길이 꽤 아찔하다. 보리암에 갈 때는 주의해야 한다는 렌터카 사장님의 당부가 머릿속을 스친다. 끝나지 않는 코너를 지나 드디어 도착. 양쪽 주머니에 핫팩을 가득 찔러 넣고, 모자를 푹 눌러쓰고, 패딩으로 휘감은 눈사람 같은 몸을 이끌고 보리암으로 올라간다.

일출 예정시간에서 조금 모자란 시간. 올라오느라 흘린 땀이 식기 시작하면서 더욱 추워지기 시작한다. 두 볼이 금세 얼얼해지고, 장갑 안의 손도 발도 꽁꽁 얼어버리고, 추위에 약한 핸드폰은 벌써 배터리에 빨간색 등이 깜빡거린다. 차분한 아침 공기를 뚫고 발을 동동 구르며 해가 뜨기를 기다리는 이 시간은 나를 놀리기라도 하는 듯 아주 느리게, 느리게 흘러간다. 새해도 아니고, 주말도 아니었지만 많은 사람이 함께이다. 높은 금산에 자리한 보리암에서 바라보는 일출은 태양과 눈맞춤을 할 수 있을 듯하다.

　서서히 해가 뜨기 시작하자 사람들의 탄성이 들리기 시작한다. 해가 뜨는 순간, 귀찮은 것들을 뚫고 일출을 보러 온 나라면 무슨 일이라도 해낼수 있을 것만 같은 용기가 생긴다. 그래서 무언가 시작을 앞두고 자연스럽게 일출을 찾아오게 된다. 일찍 일어나는 것도, 추운 것도 싫어하는 내가, 겨울 일출을 보러 보리암을 찾아온 게 다섯 손가락을 넘는다. 보리암에서 소원을 빌면 잘 이루어진다는 유명한 관음성지이기 때문일까 싶지만, 분명히 떠오르는 태양에서 얻는 에너지가 있다고 나는 생각한다.

금산산장

경남 남해군 상주면 보리암로 691
매일 07:00 - 18:00

'모히또에서 몰디브 한 잔 할까?'라는 유명한 영화 대사처럼 '컵라면에서 남해 한 잔 할까?'라는 말이 통하는 곳이 있다. 남해 보리암에서 다시 산을 타고 15분 정도 올라가면 산속에 숨겨진 산장이 나온다. 이곳은 금산의 절경을 보면서 컵라면을 먹을 수 있는 즐거움이 있어 등산을 좋아하지 않는 사람도 도전하게 만드는 곳이다. 세월의 흔적이 느껴지는 산장의 느낌과 정겨운 장독대, 구수한 사투리로 반겨주시는 주인 할머니를 보면 타임머신을 탄 듯한 기분이다. 일출을 보고 나면 꼭 금산산장에서 컵라면을 한 사발 하게 된다. 따뜻한 컵라면 국물에 새벽의 추위가 사르르 녹아 내려간다.

독일마을에 가야겠다고 마음먹은 건, 높은 언덕 위의 이국적인 붉은 지붕도, 전망도 아닌 파독전시관 때문이었다. 파독 간호사들의 이야기가 궁금해서 독일마을로 향했다. 마을버스는 독일마을 아래 버스정류장에 멈춰 섰다. 가파른 언덕을 올라가야 할 걸 생각하니 아찔했다. 천천히 올라가는데도 땀방울이 송골송골 맺히기 시작했다. 버스가 왜 언덕 위까지 올라가지 않는 건지 야속했다. 펜션들과 카페들을 여럿 지나고 숨을 돌리며 뒤를 돌아보니, 힘듦과 버스에 대한 원망이 사라질 만큼 시원한 풍경이 나를 반긴다. 버스는 어쩌면 이런 풍경을 보여주고 싶어서였는지도 모르겠다.

　40여 년 전 대한민국의 가난을 극복하기 위해 독일로 떠났던 파독 광

부와 간호사들이 있었다. 파독 광부들은 며칠 동안 빛도 보지 못한 채 돌을 캐기도 했고, 파독 간호사들은 배변 처리를 하는 등 궂은일을 하며 아픈 사람들을 돌보았다고 한다. 영화 「국제시장」에 나왔던 주인공들을 떠올려보며 전시를 감상하니 두 그림이 겹쳐지면서 마음 한편이 아려왔다. 그들이 흘린 땀 덕분에 그 밑천으로 우리나라는 최빈국에서 벗어나 경제 성장을 이룰 수 있었다고 한다. 오랜 타국 생활로 향수에 젖었던 그들은 여생을 한국에 돌아와 보내길 바랐고, 그들을 위해 남해에서 추진하여 독일마을을 건립했다고 한다.

독일마을이 생긴 이유가 파독전시관에 담겨 있었다. 독일마을은 그들을 위해 만들어진 곳이었다. 가끔 독일마을의 붉은 지붕과 이국적인 집의 모양에 이끌려 사진을 찍다 보면 아직도 이곳에 살고 있는 파란 눈을 가진 사람들과 눈이 마주치기도 한다. 관광지가 되어버린 이곳은 항상 사람들로 북적인다. 전망 좋은 카페와 많은 펜션이 있는 독일마을. 조용하게 생을 보내고 싶었던 그들이 원하는 그림이 이런 그림이었을까? 가끔 궁금해지기도 한다.

그래도, 그대로

처음 남해를 방문하고 다음 해 다시 남해를 방문했을 때, 메모장에 이런 글을 남긴 적이 있다. '그대로 있어 줘서 고마운 남해'라고. 혹시나 시간의 공백 동안 남해가 많이 변해버려서 내가 기억하던 남해를 잃어버릴까봐 두려웠다. 언제 와도 그대로인 남해를 만났으면, 여행자로서 남해는 그렇게 남았으면 좋겠다고 생각했다. 내 생각에 대해 고민하게 된 건 얼마 지나지 않은 후였다. 남해를 살아가는 사람들을 만나 이야기를 들어보니 남해가 그대로이기를 바라는 마음은 내 욕심이지 않을까, 라는 생각. 옛 추억을 생각하면 변하지 않은 모습 그대로였으면 좋겠지만, 이곳에서 살아가는 친구들을 만나고 나면 많은 인프라로 그들이 살아갈 수 있는 터전이 만들어졌으면 좋겠다는 생각으로 바뀌었다. 그대로이길 바라는 마

음과 그대로이지 않기를 바라는 마음이 계속 저울질을 했다.

　그대로인 것과 그대로이지 않은 것,
　누구는 웃을 수도 있고 누구는 울상을 지을 수도 있을 그 사이에서
　나는 어떤 표정을 지어야 할지 모르겠다.

　좋은 기회로 이 고민에 대한 이야기를 나눌 수 있는 사진전을 열게 되었다. 대정 돌창고에서 열린 두 번째 사진전은 한 달 반 동안 진행되었다. 첫 번째 사진전보다 더 많은 고민을 해야 했다. 저울질하는 두 마음 중에서 나의 입장은 어디에 더 닿아있는지 정의하려고 해도 답이 나오지 않았다. 사진전의 목적은 답을 찾아가는 과정이었다. 사진전을 찾아오는 사람들에게 물었다. 당신의 입장은 어느 쪽에 더 닿아있는지. 그렇게 이야기하고 고민하다 보면 우리가 원하는 방향으로 좀 더 가까이 다가가지 않을까 생각했다. 사진전을 마치고 생각했다. 이기적인 마음일 수도 있지만, 나는 여전히 내가 만난 남해를 더 오래 보고 싶다고. 사람들의 마음도 내 마음과 전혀 다르지 않았다고. 그래도, 우리는 그대로인 남해를 더 사랑하고 있는 것 같다고.

돌창고

    남해에서 돌창고는 남해의 지역성을 가진 아주 특이한 건축물이다. 돌창고는 남해대교가 생기기 전, 남해가 섬이었을 때 굉장히 중요한 역할을 하던 곳이었다. 육지와의 왕래가 어려워 물자 수급이 원활하지 못했고, 섬에서 수확하는 곡식들을 돌창고에 보관하는 것이 중요한 일이었다. 그 후로 남해대교가 생기면서 육지화가 되고, 돌창고의 의미와 중요성이 점차 희미해지기 시작했다. 도로 확장으로 인해 무너질 위기에 처하게 되기도 했다. 하지만 현재는 '돌창고 프로젝트'라는 이름으로 돌창고의 모습을 유지한 현대적인 공간으로 탄생하게 되었다. 과거와 현재가 공존하는 멋진 프로젝트를 진행하는 두 곳을 소개한다.

돌창고(구, 시문 돌창고)

경남 남해군 삼동면 봉화로 538
09:30 – 17:00, 목요일 휴무

시문리에 위치하고 있어 '시문 돌창고'라고 불렸다. 독일마을로 가는 길목, 시문 교차로 앞에 있다. 돌창고는 지역의 이야기를 담은 전시를 하는 공간과 카페 공간이 분리되어 있다. 남해 문화를 아카이빙한 다양한 작업물들을 함께 판매한다. 네모난 창문 너머로 보이는 남해 마을 풍경이 정겹다. 은그릇에 나오는 미숫가루와 남해 시금치로 만든 이파리빵, 떡구이는 구수한 옛 정취를 느끼게 한다.

돌창고 프로젝트(구, 대정 돌창고)

경남 남해군 서면 스포츠로 487
11:00 – 18:00, 화/수요일 휴무

대정리에 위치하고 있어 '대정 돌창고'라고 불렸다. 서면으로 향하는 길목에 있다. 1층은 남해 관련된 예술인들을 위한 전시공간과 도자기를 굽는 공간으로, 2층은 카페 공간, 3층은 전망대가 있다. 준비된 망원경을 가지고 전망대에 올라 멀리 보이는 바다를 내다보는 재미가 있다. 이 세 공간을 연결하는 중정 공간은 천장이 뚫린 채로 남해의 햇살과 비를 그대로 받아들인다. 사전 신청 후 도자기 체험도 가능하며, 오묘한 소스가 더해진 진한 덩어리 쑥떡과 말차라떼가 일품이다.

생각이 많은 날에는 남해에 갑니다

꽃밭과 건빵 한 봉지

좁기도 하고 수풀에 가려진 입구는 종종 지나쳐버릴 정도로 잘 보이지 않는다. 왜적을 막기 위해 지은 성터인 임진성은 가파르고 좁은 길 때문에 접근이 쉽지 않지만, 마을이 훤히 내려다보이는 전망이라면 이 정도는 감수할 만하다는 생각이 든다. 내가 이곳을 종종 찾는 이유는 임진성으로 가는 길옆으로 계절마다 꽃이 피기 때문이다. 봄에는 유채꽃, 가을에는 코스모스가 심겨 있다. 예쁘게 가꿔진 모양은 아니지만, 꽃이 피어있다는 사실만으로도 설레는 장소가 된다.

바람만 쉬어가는 고요한 그곳에 오늘은 한 어르신이 계셨다. 정성이 닿은 밭에 들어가도 되는지 여쭤본다는 게 민망하기도 했지만, 어르신께 양해를 구했다.

"어르신, 여기에서 잠깐 사진 찍어도 될까요?"

걱정스러운 나의 물음에 호탕한 웃음과 손짓으로 대신해주셨다. 사진을 찍고 나와 감사의 인사를 건네고 돌아가려는 찰나, 어르신께서 잠깐 기다리라고 했다. 그러더니 건빵 한 봉지를 가지고 와서 건네신다. 직접 드시려고 가져오신 것 같아 받아도 되나 싶었는데, 건빵 한 봉지를 통째로 건네며 웃고 계신 어르신을 보니 안 받을 수가 없었다. 감사한 마음과 뭉클한 감정이 교차했다.

감사하다는 말은 전했지만, 내가 받은 것에 비하면 나의 말이 한없이 가볍게 느껴진다. 꽃밭과 건빵 한 봉지, 그 웃음. 어떤 말로 감사한 마음을 표현할 수 있을까 싶다.

다른 곳보다 시간이 느리게 흘러가는 듯한

고요하고 소담한 시골마을을 걷고 보고 있노라면

마음의 기름때, 잔여물 같은 것들이 싹 내려앉는 기분이다.

사진에 미친 여자

　나는 사진에 미친 여자였다. 병원에서 3교대 근무를 하면서도 틈만 나면 사진을 찍으러 다녔다. 데이 근무가 일찍 끝나는 날에는 한강으로 달려가 사진을 찍었다. 이브닝 근무를 하는 날에는 출근 전 가까운 공원에 가서 사진을 찍었고, 나이트 근무를 하는 날에는 오전 내내 사진을 찍고 출근을 하거나, 퇴근 후 쪽잠을 자고 사진을 찍으러 가기도 했다. 쉬는 날에도 물론 사진을 찍었다. 시간 여유가 있는 날에는 최대한 멀리 여행을 가서 사진을 담았다. 사진을 찍지 않는 날에는 사진을 정리하고 보정을 하는, 그야말로 나의 하루는 사진으로 가득 차 있었다.

　사진이 뭐가 그렇게 좋냐고 누가 물어본 적이 있다. 나는 이렇게 대답했다.

"사진은 한순간을 여러 번 살아볼 수 있으니까."

사진을 찍으면서 그 순간을 살고, 사진을 정리하면서 다시 회상하면서 또 살고, 시간이 지난 후에 그 사진을 보고 또다시 살게 된다. 영화 「어바웃타임」에 나오는 주인공처럼 시간을 돌려 여러 번 살아볼 수 있다면 얼마나 좋을까? 하지만 우리에게 그런 능력은 없다. 시간을 돌려 여러 번 살아볼 능력은 없지만, 돌아가고 싶은 행복한 순간들을 곱씹으며 여러 번 살 수 있는 방법이 있는데, 그것이 사진이다. 사진에 이런 놀라운 능력이 숨어있는데 미치지 않을 수 있을까.

나의 시간, 누군가와 함께한 모든 시간을 기록하는 일이 무척이나 행복해서 본래 나의 일처럼 느껴질 정도이다. 그 시간을 돌아보며 웃고, 울고, 과거의 나에게 위로받을 수 있어서 이 일을 더욱 멈출 수가 없다. 과거에 내가 기록한 시간들이 남아 지금을 살아갈 힘이 되어준다. 지금의 나, 앞으로의 나는, 시간이 지나면 다시 과거의 나, 지금의 내가 된다. 지금 이 순간에도 과거가 되어버리는 현재의 시간들을 선명하게, 오래 기억하기 위해 여전히 나는 사진에 미쳐 있는 중이다.

돌아가고 싶은 순간이 많아지는 건,

소중하게 여기는 순간들이 많다는 뜻이라고 여긴다.

사진작가와 간호사의 공통점

간호학을 전공했지만 간호를 하지 않고, 사진을 전공하지 않았지만 사진을 찍는다. 간호사가 답이 정해져 있는 일이라면, 사진작가는 답이 정해져 있지 않은 일이다. 답이 정해진 일을 하다가 그렇지 않은 일을 하는 것은 쉽지 않다. 가끔은 나의 정체성에 대해 고민한다. 나는 어디에 속해 있는 사람일까. 어느 중간에도 속하지 않는 사람처럼 느껴질 때가 있다. 그러다 길을 잃는다.

어느 해 가을이었다. 세 명의 자녀를 둔 엄마였는데, 혼자 촬영을 원한다고 했다. 20대, 30대의 자신을 기록하는 사람들은 많았지만, 자녀들이 있는데도 불구하고 혼자 촬영하고 싶다는 분은 처음이었다. 놀라기도 했고 존경스럽기도 했다. 자신의 모습을 담는 건 생각보다 많은 용기를 필

요로 하기 때문이다. 나라면 과연 그런 용기를 낼 수 있을까 싶었다. 마음이 맞는 사람을 만났을 때 촬영보다 이야기가 앞서기도 한다. 나는 그분의 한순간 한순간을 놓치고 싶지 않지만, 이 순간 카메라를 들면 우리의 이야기가 끊길 것 같다는 생각에, 그건 상대방에 대한 예의가 아닐 것 같아 카메라를 드는 일을 망설여보기는 처음이었다. 촬영 컷 수보다 우리가 나눈 이야기의 주제가 더 많은 날이었다. 그분은 촬영을 마친 뒤, 이제 막 발걸음을 뗀 스냅작가에게 이런 메시지를 남겼다.

'간호사가 다른 사람의 아픔을 나누고 돕는 일이라면, 사진작가는 다른 사람의 행복과 즐거움을 기록하고 돕는 일이니 분명 통하는 게 있네요. 유난히 따뜻했던 글과 사진이 오늘에서야 이해가 갑니다.'

누군가에게 도움을 주는 사람이고자 했던 내 마음을 제대로 알아봐 준 말이었다. 문자를 받고 한참 동안 눈물이 멈추지 않았다. 준 것보다 받은 게 더 많은 날이었다. 잃어버린 길 위에서 털썩 주저앉은 나에게 손을 내밀어준 그 날, 더 이상 나의 정체성에 대해 고민하지 않기로 했다. 내가 누구인지 정의 내리는 게 뭐가 중요한가. 정해진 답을 찾아가기보다 정해지지 않은 길에서 나만의 답을 찾아가기로 했다. 어렸던 그분의 아이들이 제법 많이 큰 것 같다. 나중에 기회가 된다면 그분에게 멋진 가족사진을 선물해주고 싶다. 그때 내가 받았던 위로에 비하면 작은 선물일 수 있겠지만 말이다.

사진작가가 되기 전에는 몰랐던 다섯 가지 이야기

사진을 취미로 시작했다가 직업을 삼고자 하는 사람들이 많아지고 있다. 사진에 대한 긍정적인 생각을 하는 소비자들의 수요도 많아졌을 뿐 아니라 사진을 좋아하면서 잘 찍는 사진작가들도 많아졌기 때문이다. 나 또한 취미로 사진을 시작했다가, 간호사의 직업을 내려놓고 지금은 스냅 작가로 활동하고 있다. 간호사도 매력적인 직업이지만 예쁜 시간, 예쁜 계절을 창문 하나 없는 폐쇄된 수술실에서 흘려보내기엔 보고 싶은 세상이 너무 많았다. 누군가의 생명을 살리는 데 도움이 된다는 성취감이 있었지만, 누군가 내가 찍어준 사진을 받고 행복해하는 모습에 더 큰 성취감을 느꼈다. 마음 설레는 일을 하기로 했다. 그렇게 열정을 가지고 스냅 촬영을 시작했지만, 사진이 업이 되기 전까지 몰랐던 점이 많다. 나와 비

숱한 사례로 스냅작가가 되기로 결심했다가, 생각과는 다른 현실에 다시 본업을 되찾아가는 사람도 여럿 보았다. 스냅작가에 대한 막연한 환상을 가지고 있는 분을 위해, 사진작가가 되기 전에는 몰랐던 5가지 이야기를 들려주려고 한다.

첫째, 사진만 찍어주면 끝이라고?

그것만이 스냅작가의 일이 아니다. 1인 사업자로 혼자 일을 하게 되면 하나부터 열까지 혼자 준비해야 하는 것들이 많다. 촬영 가이드라인, 홍보, 상담, 사진 관리, 보정, 답사, 세금 관리 등 많은 것을 홀로 해내야 한다. 혼자 일하는 것이 두렵다면 동업자를 구하는 것도 방법이지만, 마음이 맞는 동업자를 구하는 것도 쉽지 않은 일이다.

둘째, 매일 광합성을 하면 행복할 줄 알았다.

주로 야외 촬영을 하다 보니 늘 따뜻한 햇빛과 함께였다. 처음엔 매일이 나들이 같았는데, 1년이 지나고 나니 머리카락은 태양 볕에 다 타버리고 자외선을 많이 받은 피부에는 잡티가, 새까맣게 탄 손은 돌아올 기미가 보이지 않는다. 그 후로 필수로 모자를 쓰고 촬영을 하기 시작했다. 폐쇄된 수술실이 답답하다고 뛰쳐나왔는데, 이제 생각해보면 야외보다 실내에서 일하는 게 더 낫다는 생각을 한다.

셋째, 직업병이 없을 줄 알았다.

간호사로 일을 할 때 허리, 무릎, 어깨 등 안 아픈 곳이 없었다. 무거운 수술 기구를 많이 옮겨야 했고, 구부정한 자세로 종일 서서 일하다 보니 몸의 균형도 틀어졌기 때문이다. 더 이상 아플 곳이 없다고 생각했는데, 사진을 찍고 보정하는 일도 별반 다르지 않다. 컴퓨터 앞에 장시간 앉아 보정 작업을 하는 것도, 무거운 카메라를 들고 촬영해야 하는 것도, 직업병이 계속 따라다닌다. 목, 손목 등 이제 새로운 곳들이 쑤시기 시작한다.

넷째, 취미가 사라졌다.
사진을 찍는 일이 나의 유일한 취미였는데, 취미가 일이 되고 나니 해소할 방법을 잃었다. 평소처럼 편하게 사진을 찍으러 가도, 예전처럼 많이 찍는 일이 줄었다. 후보정을 고려하면 결국 일이 쌓인다는 생각 때문이다. 항상 옆에 카메라를 끼고 다닌 예전과 달리 이제는 카메라를 내려놓고 핸드폰으로 사진을 찍는 일이 더 많아졌다. 사진이 좋아서 사진 일을 시작했는데, 사진 찍는 일이 버거워지기 시작할 때면 회의감이 들기 시작한다.

다섯째, 쉬어도 쉬는 것 같지 않다.
직장을 다닐 때는 출퇴근 시간이 정해져 있었는데, 출퇴근 시간을 내가 정하게 된 지금, 쉬어도 쉬는 것 같지 않고 놀아도 노는 것 같지 않다. 머릿속 한구석에는 계속 일에 대한 고민이 있고, 마음 한편에는 밀린 일에 대한 무거운 마음이 있다. 적어도 직장에 다닐 때는 퇴근하고 나면 내 시간이었는데, 지금은 내 시간과 일하는 시간이 애매모호하게 엉켜 혼란스럽다.

친구들은 종종 묻는다.
"좋아하는 일을 하는 건 어때?"

좋아하는 일을 하면 마냥 행복할 줄 알았다. 하지만 현실은 그렇지 않다. 좋아하는 일을 하기 위해서는 좋아하지 않는 일도 해야 한다는 걸 4년 차가 된 지금에서야 깨닫는다. 지금도 일에 대한 고민은 끝이 없고, 매번 힘들다고 툴툴댄다. 그럼에도 불구하고 이 일이 즐겁다. 좋아하는 일을 통해 얻는 행복이, 그렇지 않은 것들을 할 때의 어려움보다 더 크기 때문이다. 어느 쪽을 선택하든 후회는 남는다. 그렇다면 하고 후회하는 쪽이 낫다는 생각이다. 좋아하는 일을 시작할 준비가 되었다면, 현실과 타협하지 않고 도전했으면 좋겠다. '아무것도 하지 않으면 아무 일도 일어나지 않는다.'라는 말처럼 머릿속으로 상상만 하다가 포기해버리면 얼마나 억울한 일일까 싶다. 쉽지 않겠지만 내 일에 꾸준한 진심을 보인다면 누군가는 그 진심을 알아봐 줄 것이라 믿는다.

남해가 아름다운 것은

　사람은 이름따라 간다는 말을 어디에선가 들은 적이 있다. 아빠는 어렸을 때, 산과 들에서 뛰어놀던 기억이 좋아서 내 이름을 산들이라고 지었다고 한다. 그래서일까, 산에서 들에서 뛰어노는 것을 좋아하던 내가 남해에 닿았고, 산들이라는 이름이 푸른 남해와도 잘 어울렸다. 그래서 남해가 처음부터 유독 좋았던 걸까?

　우연히 숙소 사진을 발견해서 남해를 찾아가게 되고, 사진작가가 되기로 마음먹은 그 과정에 남해가 있었던 것도, 내가 좋아하고 꿈꾸던 곳에서 사진전을 열게 된 시간들도 모두 신기하고 감사하다.

　남해를 빛나게 만들어주는 풍경만 있었다면, 남해가 나에게 이 정도까지는 아니었을 것이다. 남해가 유독 아름다운 이유는 남해를 찾아가는 이유가 되어주는 사람들 덕분이다.

다락 게스트하우스 첫 사장님이었던 지금의 대정 돌창고 사장님,
다락 게스트하우스의 두 번째 사장님인 루피와 나미,
가장 남해다운 곳에서 여러 밤을 보낼 수 있게 해준 설리마을 화영언니,
함께 남해 여행을 하며 필름 카메라로 나를 담아준 또이언니,
불쑥 찾아가도 반갑게 맞이해주고, 어려운 일이 생기면 도와주는 양장점, 카카카 친구들과 서경 렌터카 사장님, 그리고 남해에서 연을 맺게 된 모두에게 감사하다.
그리고 무엇보다 남해에서 살아가는 사람들이 행복했으면 좋겠다.
이 책에 담은 내 마음이 그들에게 닿았으면 하는 바람이다.

생각이 많은
날에는
남해에 갑니다

초판1쇄 2022년 6월 9일 **초판2쇄** 2022년 6월 29일 **지은이** 이산들 **펴낸이** 한효정 **편집교정** 김정민 **기획** 박화목,
강문희 **디자인** purple **마케팅** 안수경 **펴낸곳** 도서출판 푸른향기 **출판등록** 2004년 9월 16일 제 320-2004-54호
주소 서울 영등포구 선유로 43가길 24 104-1002 (07210) **이메일** prunbook@naver.com **전화번호** 02-2671-5663
팩스 02-2671-5662
홈페이지 prunbook.com | facebook.com/prunbook | instagram.com/prunbook

ISBN 978-89-6782-167-8 03910
ⓒ 이산들, 2022, Printed in Korea

값 16,000원

이 도서의 국립중앙도서관 출판예정도서목록(CIP)은 서지정보유통지원시스템 홈페이지(http://seoji.nl.go.kr)와 국가자
료공동목록시스템(http://www.nl.go.kr/kolisnet)에서 이용하실 수 있습니다.